하나님 능력에 합당한 사람

(열왕기상 2부)

특별히 ______________ 님께

이 소중한 책을 드립니다.

「하나님께 더 가까이」 시리즈 ❷

하나님 능력에 합당한 사람

(열왕기상 2부)

나종원 목사 지음

나침반

머릿말

하나님을 더욱 깊이 알고
하나님께 더욱 가까이!

사도 바울은 “믿음은 들음에서 나며 들음은 그리스도의 말씀으로”(로마서 10:17)라고 했습니다.

우리는 매일 믿음이 자라고 성장하기를 바랍니다.

또 우리의 믿음은 자라고 성장해야 합니다.

믿음은 정체되거나 그 자리에 멈추어 서 버리면 안됩니다.

믿음은 매일 자라고 성장해야만 합니다.

그것이 주님이 원하시는 것이며 우리들의 바람입니다.

믿음이란 하나님의 말씀을 먹고 들음에서 생겨납니다.

그것은 사도들도 인정하고 공감하는 바입니다.

“갓난 아기들 같이 순전하고 신령한 젖을 사모하라

이는 그로 말미암아 너희로 구원에 이르도록 자라게

하려 함이라”(베드로전서 2:2)

하나님의 말씀은 우리의 믿음이 자라는데 절대 필요한 자양분입니다. 하나님의 말씀을 먹고 들음이 없이 믿음은 자라지 않습니다.

저는 이 교재가 하나님을 더욱 깊이 알아가기를 원하는 많은 성도님들께 디딤돌이 되기를 원합니다. 이 교재를 통하여 성도님들의 믿음이 성장하며 자라기를 소망하며 하나님께 더욱 가까이 나가시는데 밑거름이 되었으면 합니다.

이 교재를 통하여 신학적 지식을 전달하기보다 하나님 말씀 그 자체를 전달하고자 애썼습니다. 이 교재를 통하여 하나님을 뜨겁게 만나시기를 축복하며 하나님께서 기뻐하시고 원하시는 믿음의 사람으로 서게 되시기를 기도합니다.
이 교재는 그룹이나 개인 성경 공부용 교재입니다.
청년부, 대학부, 구역 성도님들, 제자훈련과 성경을 더 깊이 배우고 공부하기를 원하는 모든 분들을 위한 성경교재입니다.
하나님의 말씀을 통하여 하나님께로 더 가까이 나가게 되기를 축복합니다.

하나님께 더 가까이…
나종원 목사

목차

1

유혹을 이기는 믿음을 가집시다

성경: 열왕기상 13:1-14 / 찬송: 210(시온성과 같은 교회)

여로보암은 백성들이 예루살렘으로 가서 제사를 드릴 것을 두려워하여 벧엘에 금송아지 제단을 만들었습니다. 그리고는 자신도 백성들이 보는 앞에서 금송아지 제단에 분향을 하며 제사를 합니다. 이때 하나님은 유다에서 한 선지자를 여로보암에게 보내십니다. 선지자는 제단에서 제사를 하고 있는 여로보암을 향하여 이 제단이 부정한 제단이며 하나님께 가증한 제단임을 선포합니다. 하나님은 유다에서 선지자를 여로보암에게 보내 여로보암의 제단이 가증하고 부정한 제단임을 경고하셨습니다. 여로보암은 예물로서 선지자를 회유하지만 선지자는 타락한 왕에게서 그런 물질을 받지 않습니다. 아울러 여로보암과 먹지도 마시지도 않습니다.

1. 벧엘의 제단

1. 여로보암이 분향하는 제단은 어떤 제단입니까(왕상13:1; 왕상

12:28,29)?

유다에서 온 하나님의 사람이 외친 경고의 말씀은 무엇입니까(왕상13:2)?

여로보암이 분향하는 제단은 금송아지로 만들어진 부정하고 가증한 우상의 제단입니다. 이 제단은 가증하며 앞으로 부정하게 훼손될 것임을 선포합니다.

2. 선지자의 이 예언은 언제 이루어집니까(왕상13:2; 왕하23:15,16)?
   사람의 뼈를 제단위에서 불사르는 행위는 어떤 의미가 있습니까(왕상13:2b; 민19:13,16)?

요시야(B.C.640-609)는 유다의 제16대 왕입니다. 선지자의 예언은 약 300년 뒤에 이루어집니다. 장차 요시야는 지금 여로보암이 분향하는 벧엘의 우상제단을 훼파하고 부정하게 만듭니다. 요시야는 묘실에 있던 해골들을 가져와서 이 단위에서 불사릅니다. 율법에 죽은 사람의 뼈는 제단을 부정하게 만듭니다.

3. 하나님께서 유다에서 선지자를 여로보암에게 보내신 목적은 무엇입니까(왕상13:3)?

여로보암이 벧엘에 세운 금송아지 제단은 거짓된 제단이며 하나님께 부정하고 가증한 제단임을 말씀하고자 함입니다.

2. 여로보암의 회유

1. 여로보암이 유다의 선지자를 향하여 취한 행동은 무엇입니까(왕상13:4)?
   그리고 그에게 어떤 일이 일어났습니까(왕상13:4)?

여로보암은 유다의 선지자의 메시지를 듣고 즉각 분노하였습니다. 그리고 그는 손을 들어 유다의 선지자를 체포하라고 명령 하려고 했습니다. 그러나 그의 손은 내뻗자마자 마비되어 버렸습니다. 손에 힘이 없어지고 아무 감각도 없어지고 말았습니다.

2. 여로보암이 선지자에게 무엇을 제의했습니까(왕상13:7)?

3. 유다의 선지자는 여로보암의 제의에 어떻게 반응했습니까(왕상13:8)?

유다의 선지자는 여로보암이 제의하는 예물을 단호히 거절했습니다. 그는 재물에 욕심을 부려 미혹되지 않고 거절했습니다. 또한 그는 여로보암과 먹지도 마시지도 않으려고 했습니다. 이것은 모두 하나님의 명령이었고 그는 하나님의 명령에 순종했습니다.

❶참 선지자의 자세에 대하여 생각해 봅시다.
성도들은 불의의 재물에 대하여 어떤 태도를 가져야 합니까(출23:8)?

3. 선지자에게 주어진 명령

1. 하나님께서 유다의 선지자에게 금지하신 명령은 무엇입니까(왕상13:8,9)?

그것은 무슨 의미가 존재할까요?

유대 사회에서 떡과 물을 마시며 교제를 나누는 것은 상대에 대한 우호감의 표시였습니다. 그러나 하나님은 유다의 선지자에게 일체 여로보암과 어떤 교제도 나누지 말 것을 명령하셨습니다. 이것은 하나님께서 여로보암의 우상숭배에 대하여 얼마나 가증히 여기시며 진노하고 계신지를 알게 합니다(고후6:14-16; 요이1:10,11).

2. 하나님께서 유다의 선지자에게 주신 또다른 명령은 무엇입니까(왕상13:9b,10)?

3. 하나님께서 유다의 선지자에게 다른 길로 되돌아 가라는 명령을 주신 이유는 무엇입니까(왕상13:12-14)?
그리고 유다의 선지자는 이 명령에 어떻게 반응했습니까?

이것은 유다에서 온 선지자가 누군가에게 추적을 당하고 그로 인하여 발생될 위험을 예방하시고자 함이었습니다.

정리하며

여로보암은 자신의 정치적 목적 때문에 벧엘과 단에 금송아지 우상제단을 만들었습니다. 그리고 백성들이 예루살렘으로 내려가 제사드리는 것을 막고자 자신이 직접 금송아지 제단에 서서 제사를 드리며 백성들을 미혹하고 있었습니다.

그때 하나님께서는 유다에서 선지자를 여로보암에게 보내셔서 그가 만든 금송아지 제단은 부정하고 가증한 제단이며 거짓된 우상제단임을 경고하셨습니다. 여로보암은 회개하지 않고 도리어 선지자를 체포하려고 하였고 곧 그는 하나님의 권능으로 손이 마비되고 맙니다. 여로보암은 물질로 선지자를 미혹하지만 선지자는 하나님의 말씀에 따라 물질에 유혹당하지 않습니다. 진짜 선지자는 세상이 주는 돈과 물질에 미혹당하거나 유혹당하지 않습니다. 진짜 선지자는 말씀으로 세상을 이깁니다.

1. 참된 선지자는 '물질'에 대하여 어떤 태도를 가집니까(마6:24)?

2. 당신은 하나님의 말씀과 재물중에 어느 것을 더 우선하고 존중합니까?

♡ "무릇 하나님께로부터 난 자마다 세상을 이기느니라 세상을 이기는 승리는 이것이니 우리의 믿음이니라"(요일5:4)

깨어 있는 신앙을 가집시다

성경: 열왕기상 13:11-32 / 찬송: 204(주의 말씀 듣고서)

유다의 선지자의 소식을 들은 벧엘에 사는 늙은 선지자는 곧 유다의 선지자를 추격하여 쫓아 갑니다. 그는 유다의 선지자를 만나 거짓말로 그를 유혹하여 자신의 집으로 데리고 옵니다. 유다에서 온 선지자는 늙은 선지자에게 속아 하나님께서 금하신 떡도 먹고 물을 마십니다. 그러나 하나님은 당신의 명령을 어긴 유다 선지자에게 심판의 말씀을 선포합니다. 벧엘의 늙은 선지자의 거짓에 속아 하나님의 말씀을 불순종하게 된 유다의 선지자는 길을 가다가 사자에게 물려 죽게 됩니다.

1. 벧엘의 늙은 선지자

1. 누가 유다에서 온 선지자를 뒤쫓아 갑니까(왕상13:11-14)?

요세푸스는 그의 책「유대 고대사Ⅱ」에서 벧엘에 사는 늙은 선지자에 대해서 이렇게 설명합니다. 벧엘에 사는 늙은 선지자는 사악한 노인이었고 여로보암이 존중히 여기던 거짓 선지자였다고 말합니다.

2. 벧엘의 늙은 선지자가 유다의 선지자에게 제의한 것은 무엇입니까(왕상13:15)?

그는 유다의 선지자에게 하나님께서 금지하신 떡과 물을 먹으라고 권했습니다.

3. 벧엘의 늙은 선지자의 제안에 대하여 유다의 선지자는 어떻게 대답합니까(왕상13:16,17)?

그는 하나님의 말씀에 순종하여 그 누구와도 함께 떡과 물을 마실 수 없음을 말합니다. 유다의 선지자는 하나님의 말씀에 충성하고자 하였습니다.

2. 거짓 선지자

1. 벧엘의 늙은 선지자가 유다의 선지자에게 자신을 어떠한 자라 고 소개합니까(왕상13:18)?
   벧엘의 늙은 선지자가 유다의 선지자에게 자신을 '선지자'라 고 소개한 까닭은 무엇일까요?

벧엘의 늙은 선지자가 유다의 선지자에게 자신을 동일한 선지자라 고 소개합니다. 이것은 유다의 선지자를 유혹하기 위한 것입니다. 같은 선지자의 직업을 가진다는 것은 유다의 선지자에게 동료의식을 갖게 합니다. 동료의식은 유다의 선지자의 경계심을 무너뜨리는 역할을 합니다.

2. 벧엘의 늙은 선지자는 유다의 선지자를 어떻게 유혹했습니까(왕상13:18)?

벧엘의 늙은 선지자는 '거짓말'로 유다의 선지자를 속입니다. 그는 하나님의 천사가 자신에게 나타나 자신의 집에서 떡과 물을 먹어도 된다고 거짓된 계시를 말합니다.

3. 벧엘의 늙은 선지자가 얼마나 비양심적이고 타락한 선지자였는지를 생각해 봅시다(왕상13:9,10; 16,17; 18b; 딤전4:2).

벧엘의 늙은 선지자는 양심이 타락한 사람입니다. 그는 '하나님의 이름으로' 거짓 계시를 말할 정도로 타락한 사람이었습니다. 이것은 그 시대에 종교적 타락이 얼마나 심각한 정도였는지를 늙은 선지자의 거짓말을 통해서도 알 수가 있습니다.

4. 성경은 우리들에게 거짓 선지자들에 대하여 어떻게 말씀하십니까(마7:15,16; 딤후4:2)?

벧엘에 사는 거짓 선지자들의 존재처럼 우리는 선지자들을 무조건 믿을 수는 없습니다. 오늘날 직분만을 가지고는 그 사람을 절대적으로 신뢰하기 어렵습니다. 그 사람이 어떤 열매를 맺는 사람인지

어떤 인격의 사람인지를 살펴보아야 합니다. 어떤 사람들은 선량한 주의 백성들을 유혹하기 위해서 선지자의 권위를 악용하며 거리낌없이 양심에 위반하는 행동을 합니다.
우리는 이들이 외치는 말을 다 있는 그대로 믿어서는 안되며 이들의 외침이나 메시지가 진정으로 하나님께로부터 온 것인지를 분별해야 합니다.
왜냐하면 양심도 속이고 거짓을 말하는 거짓 선지자들이 존재하기 때문입니다(요일4:1; 요일2:18).

3. 사자의 공격

1. 벧엘의 늙은 선지자의 거짓말은 어떻게 성공합니까(왕상13:19)
   늙은 선지자의 거짓말에 속은 유다의 선지자에게 임한 하나님의 말씀은 무엇입니까(왕상13:20-22)?

유다의 선지자는 벧엘에 사는 늙은 선지자의 말을 있는 그대로 하나님께로부터 온 말씀으로 믿었습니다. 그는 거짓말에 속은 것입니다. 벧엘에 사는 늙은 선지자가 거짓말을 하는 사람인줄을 꿈에도 몰랐던 것입니다. 순수한 유다의 선지자와 반대로 타락하고 사악한 거짓 선지자도 존재한다는 현실을 잊어서는 안됩니다.

2. 하나님의 말씀이 어떻게 거짓말하고 진실하지 못한 늙은 선지자에게 임할 수가 있는지를 생각해 봅시다.

하나님께서는 사악한 선지자를 통해서도 말씀하셨습니다. 그는 발람을 통해서도 말씀 하셨습니다(민22:9). 이것은 하나님께서 악한 그릇을 즐겨 사용하신다는 의미는 아닙니다.

3. 유다의 선지자에게 어떤 일이 일어났습니까(왕상13:23,24)?

하나님의 경고의 말씀대로 유다의 선지자는 길을 가다가 사자의 공격을 받고 물려 죽었습니다. 이것은 하나님의 말씀대로 순종하지 않은 것에 대한 하나님의 심판의 결과였습니다.

❶ 우리가 하나님의 말씀을 어느 정도 순종해야 합니까(민 14:24)?

4. 유다의 선지자의 죽음이 하나님의 징계의 결과라는 사실을 어떻게 알 수 있습니까(왕상13:28)?

사자는 유다의 선지자를 죽이고 그의 시체를 먹지 않았습니다. 또한 사자는 유다의 선지자가 타고 온 나귀도 전혀 공격하지 않았습니다. 오직 사자는 유다의 선지자만 죽였습니다. 이것은 사자가 하나님의 명령을 받아 유다의 선지자를 죽인 것을 말해 줍니다.

❶ 우리가 왜 신앙생활에서 긴장하고 깨어 있어야 합니까(막 14:38; 벧전5:8)?

정리하며

벧엘의 늙은 선지자는 거짓말을 하면서까지 자신의 유익을 관철시켰습니다. 그는 심지어 '여호와의 이름으로' 거짓말을 했습니다.

천사가 자신에게 나타나지도 않았지만 나타났다고 거짓말을 했습니다.

여로보암 시대에 종교가 얼마나 타락하고 선지자들 또한 상당히 타락했다는 것을 보여 줍니다. 어느 시대에나 직분을 있는 그대로 믿을 수 있는 시대는 아닙니다. 예수님은 '열매'로 그 사람을 안다고 말씀하셨습니다(마7:16).

직분이라는 것이 우리의 신뢰의 대상이 아니라 그 사람의 열매나 인격을 보고 그 사람을 알 수가 있습니다. 유다의 선지자는 '선지자'라는 말에 속아 목숨까지 잃고 말았습니다. 가짜가 진짜를 속여 패망하게 만들었습니다. 우리는 이 시대에도 주의 이름으로 외치는 모든 말들을 신뢰할 수는 없습니다. 그 외침이 하나님께로부터 온 것인지 분별해야 합니다.

또한 외치는 자의 인격이나 열매를 세밀하게 살펴 보아야 합니다.

1. 유다의 선지자가 왜 사자에게 물려 죽게 되었는지를 말해 봅시다.

2. 오늘날 거짓 선지자들의 특징들에 대해 말해 봅시다.

♡ "근신하라 깨어라 너희 대적 마귀가 우는 사자 같이 두루 다니며 삼킬 자를 찾나니 너희는 믿음을 굳건하게 하여 그를 대적하라 이는 세상에 있는 너희 형제들도 동일한 고난을 당하는 줄을 앎이라"(벧전 5:8,9)

하나님의 약속을 신뢰합시다

성경: 열왕기상 13:33-14:12 / 찬송: 428(내 영혼에 햇빛 비치니)

하나님은 여로보암을 북이스라엘의 초대 왕으로 세우시면서 그에게도 약속을 주셨습니다. 여로보암이 하나님의 말씀에 순종하여 살면 그의 왕권을 보전하고 지켜주시겠다는 약속입니다. 그러나 여로보암은 하나님의 약속을 신뢰하지 않았습니다. 도리어 그는 하나님을 버리고 금송아지 우상숭배를 하였습니다. 하나님은 여로보암에게 진노하시고 그의 아들 아비야를 병으로 데려 가셨습니다. 뿐만아니라 하나님은 여로보암이 우상숭배의 죄에서 돌이키지 아니하고 회개하지 않으므로 그와 그의 가문을 멸하시기로 작정하셨습니다.

1. 여로보암의 완악함

1. '이 일 후에도'란 어떤 일들을 말합니까(왕상13:33)?

왕상 13장 1-32절에 나와 있는 유다의 선지자를 통한 하나님의 경고를 말합니다. 또한 여로보암이 유다의 선지자를 통하여 일어난 일련의 사건들을 본 것을 말합니다. 그럼에도 불구하고 여로보암이 우상숭배의 죄악의 길에서 돌이키지 않았음을 말씀합니다.

2. 여로보암이 하나님의 경고를 받고도 회개하지 않고 끝내 우상숭배의 길에서 돌이키지 않은 까닭은 무엇일까요?
   여로보암이 하나님의 말씀에 대한 순종보다 더 우선시하고 집착한 것은 무엇입니까(왕상12:26,27; 비교, 마6:33)?

하나님은 선지자를 보내셔서 여로보암에게 죄를 깨닫게 하고 그가 우상숭배의 죄에서 돌이키고 회개하기를 원하셨습니다. 만일 그가 악한 길에서 돌이키지 아니하고 회개하지 않으면 그에게 심판을 내리시고자 하셨습니다. 그러나 여로보암은 끝까지 하나님의 경고를 거부하고 불순종하였습니다. 오히려 그는 자신의 왕위에 대한 안전만을 집착하였습니다. 그는 자신의 인간적인 방법으로 왕권을 유지하고자 애썼습니다.

3. 여로보암이 왜 어리석은 자인지를 생각해 봅시다(왕상13:34; 눅 9:25).

여로보암은 세상의 왕권이 하나님께 달려 있음을 깨닫지 못한 사람이었습니다(삼상2:8; 대상29:11,12). 그는 세상의 모든 권세의 존속여부가 하나님께 있음을 알지 못한 어리석은 사람입니다(롬 13:1). 그는 정작 자신의 왕위가 하나님의 주권안에 있음을 알지 못했습니다. 그가 하나님을 버리고 떠남으로 스스로 왕위의 안전을 자멸의 길로 몰아 갔습니다.

❶ 하나님을 버리고 자신의 인간적인 방법에 호소하여 자신의 유익을 구하고자 하는 행동이 얼마나 어리석은 행위인지를 생각해 봅시다(시127:1,2).

2. 아들의 운명

1. '그 때에'란 어떤 때를 말합니까(왕상14:1)?

아비야는 여로보암의 아들입니다. 아비야가 병이 들었는데 이 병든 시기가 바로 여로보암이 우상숭배의 죄에서 돌이키지 아니하고 여전히 배교의 길로 가고 있던 때를 말합니다. 아울러 그가 하나님의 선지자에게 경고를 받고도 돌이키지 아니하고 악한 길을 고집하던 때를 말합니다.

2. 여로보암의 우상숭배와 그의 아들 아비야의 병과의 관련성에 대해 생각해 봅시다(왕상14:1, 출20:3-5; 신28:15,18).

성경은 아버지의 죄악을 아들이 담당하지 않는다고 합니다. 즉 아버지의 죄 때문에 아들이 처벌을 받는 것은 아닙니다. 그러나 여로보암의 경우와 솔로몬의 경우에서 보듯이 부모의 배교와 우상숭배의 죄가 자녀들에게 악영향을 주는 것을 보여 줍니다.

3. 여로보암이 우상숭배의 죄에서 돌이키지 않고 끝내 회개하지 않은 결과는 무엇입니까(왕상13:34; 왕상14:10-12)?

그것은 파멸이었습니다. 여로보암의 가문이 파멸한 것은 곧 그가 배교와 우상숭배의 죄에서 돌아서지 않았기 때문입니다. 죄의 삯은 사망임을 다시한번 깨닫게 해 줍니다(롬6:23).

4. 아비야의 병은 여로보암과 그의 가정에 어떤 영향을 주었습니까(왕상14:2,3)?

아비야는 여로보암의 장자로 추측이 되며 그는 장차 아버지의 왕위를 계승할 아들이었습니다. 가정의 장자이며 희망인 아들이 중병이 들어 죽게 되었다는 사실은 여로보암의 가정에 엄청난 좌절과 고통을 주는 것입니다. 여로보암은 아들의 병문제에 대하여 몹시 근심하며 답답해 합니다.

❶ 우리가 하나님을 등지고는 도저히 행복한 삶을 살 수가 없는 이유를 말해 봅시다(요15:5).

3. 아히야의 심판 선고

1. 아들의 병에 대하여 물으러 온 여로보암의 아내에게 선지자 아히야는 무엇을 상기시킵니까(왕상14:6-8)?

하나님은 여로보암의 처에게 여로보암을 왕으로 세우신 분은 하나님이심을 확인시켰습니다. 여로보암이 지금 북이스라엘의 왕의 자리에 앉아 있게 된 것이 하나님의 은혜의 결과였음을 확인 시킵니다. 또한 일들이 잘못되어 가는 원인은 여로보암 자신이 은혜를 베푸신 하나님을 버리고 배신한 배은망덕때문임을 지적하십니다.

2. 하나님께서 여로보암을 왕으로 세우시며 그에게 원하셨던 것은 무엇입니까(왕상14:8, 왕상11:37,38))?

하나님은 여로보암도 하나님의 말씀에 순종하여 다윗의 길로 행하기를 원하셨습니다. 하나님은 여로보암이 배교하고 우상숭배하므로 자멸하기를 원하시지 않으셨습니다.

❶ 하나님은 그 누구도 죄 때문에 멸망당하는 것을 원하지 않으십니다.

하나님은 어떤 분이신지를 생각해 봅시다(벧후3:9; 욘4:11).

3. 그러나 여로보암은 자신을 왕으로 세워주신 하나님께 어떻게 보답했습니까(왕상14:9)?

'등 뒤에 버렸다'는 말의 의미는 무엇입니까?

'등 뒤에 버렸다'는 말씀은 여로보암이 하나님을 경외하고 그 은혜에 감사하여 순종하고 살아야 함에도 불구하고 오히려 금송아지를 만들어 우상숭배하며 하나님을 무시하고 배반한 것을 말합니다. 자신을 왕으로 세워주신 하나님을 무시하고 배반한 것을 의미합니다.

4. 아비야의 병은 어떻게 됩니까(왕상14:12)?

여로보암과 그의 가문은 어떤 심판을 받게 됩니까(왕상14:10-11)?

아비야 죽음은 이제 하나님의 심판이 여로보암과 그의 가문에 시작되었음을 알리는 것입니다. 여로보암이 하나님의 말씀에 순종하고 하나님을 경외하는 왕이 되었더라면 하나님은 그의 왕권과 가문을 복주시고 존속시켜 주셨을 것입니다. 그러나 여로보암은 스스로 왕권을 지키고자 인간적인 방법과 인간적인 꾀를 가지고 우상을 만들어 오히려 하나님의 진노를 사고 자멸하고 말았습니다.

❶ 우리의 참된 생사화복은 무엇에 좌우됩니까(삼상2:6)?

정리하며

하나님은 여로보암을 북이스라엘의 초대왕으로 세우셨습니다. 선지자를 통하여 여로보암이 북이스라엘의 왕이 될 것을 그에게 두 눈으로 똑똑히 보여 주었습니다. 그러나 여로보암은 자신을 왕으로 세워주신 하나님을 신뢰하고 순종하기보다 오히려 하나님의 약속을 불신하고 거역했습니다. 그는 하나님께서 가증히 여기시는 금송아지 우상을 만들어 우상숭배에 빠지고 배교했습니다. 선지자를 보내어 여로보암에게 경고를 했지만 그는 여전히 하나님의 경고를 무시하고 듣지 않았습니다.
결국 하나님은 여로보암의 가문을 치시고 그의 우상숭배와 배교에 대해 심판하십니다. 이로써 여로보암 가문의 형통과 안전은 여로보암의 인간적인 술수와 방법에 있는 것이 아니라 하나님의 주권안에 있음을 만천하에 알게 하십니다. 오늘날 모든 인류와 인간의 행복과 형통도 전능하신 하나님의 주권안에 있습니다.

1. 여로보암의 가문이 왜 자멸하게 되는지 그 이유를 정리해 봅시다.

2. 우리 인생의 참된 행복의 길은 어디에 있습니까(시1:1,2; 신28:1,2)?

♡ "나는 포도나무요 너희는 가지라 그가 내 안에, 내가 그 안에 거하면 사람이 열매를 많이 맺나니 나를 떠나서는 너희가 아무 것도 할 수 없음이라"(요15:5)

4

언약의 말씀을 지킵시다

성경: 열왕기상 14:21-31 / 찬송: 546(주님 약속하신 말씀 위에서)

르호보암은 솔로몬의 뒤를 이어 왕이 된 솔로몬의 아들입니다. 그의 어머니는 암몬 여인 나아마입니다. 나아마는 솔로몬이 암몬에서 데려온 첩입니다. 르호보암의 통치시기에도 영적인 배교와 타락은 심각합니다. 그것은 르호보암이 암몬 여인인 어머니의 우상숭배로부터 영향을 받았기 때문입니다.

통일왕국의 분열도 솔로몬의 우상숭배의 죄 때문에 시작되었고 르호보암시대의 영적인 타락도 결국은 솔로몬이 우상숭배하는 여인을 첩으로 데려온 데서 재앙의 원인이 있었던 것입니다. 솔로몬이 하나님의 말씀을 무시하고 이방여인을 데려왔고 이것이 이스라엘 역사에 엄청난 재앙을 몰고 옵니다.

하나님은 남유다의 영적타락을 심판하시기 위해 애굽왕 시삭을 불러 남유다를 침공하게 하셨고 이것으로 솔로몬 시대의 영광과 번영은 막을 내리게 됩니다.

1. 암몬 사람 나아마

1. 솔로몬의 아들 르호보암의 통치시기에 남유다의 영적인 상황은 어떠하였습니까(왕상14:22-24)?
   유다가 하나님 보시기에 행한 '악'은 무엇을 의미합니까(왕상14:22; 대하12:1)

하나님앞에서 '악'이란 하나님의 말씀을 버린 행위와 우상숭배를 말합니다.

2. 르호보암의 어머니는 어떠한 여자입니까(왕상14:21; 왕상11:1,5,8)?
   자녀의 신앙에 있어서 어머니의 중요성에 대하여 생각해 봅시다(딤후1:3-5; 딤후3:15; 출2:1; 6:20).

르호보암의 어머니는 암몬 여인 나아마였습니다. 나아마는 솔로몬이 암몬에서 데려온 이방 여자였습니다. 암몬 여인들은 밀곰이라는 우상을 숭배했습니다. 르호보암도 그의 어머니의 영향을 받았고 이러한 잘못된 영향들 때문에 르호보암도 타락하게 되었습니다.

3. 솔로몬이 남긴 잘못된 신앙의 유산에 대하여 생각해 봅시다(왕상11:1; 신7:2-4).

솔로몬이 하나님의 계명을 무시하고 데려온 이방여인이 르호보암을 낳았습니다. 이방여인에게 태어난 르호보암도 역시 그의 어머니처럼 우상숭배하고 하나님을 멀리하는 왕이 되었습니다. 이것은 솔로몬이 하나님의 말씀에 불순종하여 이방여인과 혼인을 하고 발생된 결과들입니다.

2. 애굽의 침공

1. 르호보암이 즉위한지 제오년에 어떤 중대한 국가적 사건이 일어납니까(왕상14:25)?

2. 애굽왕 시삭이 남유다를 침공한 근본적인 이유는 무엇입니까 (왕상14:25; 대하12:5; 삼하7:14)?

하나님은 남유다의 우상숭배와 배교를 심판하시기 위해 애굽왕 시삭을 일으키셨습니다. 애굽왕 시삭의 침공은 남유다의 영적 타락에 대한 하나님의 심판입니다.

3. 솔로몬은 과거에 국가안전을 위해 애굽과 결혼동맹까지 맺었습니다(왕상3:1). 그러나 현재 그의 아들 르호보암은 애굽의 침공을 받고 있습니다.
솔로몬이 국가의 안보를 위하여 그가 진심으로 붙들고 의뢰해야 했던 분은 누구입니까(신7:2-4; 시127:1,2; 사2:22; 31:1,2)?

솔로몬은 애굽과 결혼동맹까지 맺었습니다(왕상3:1; 11:1). 그럼에도불구하고 남유다는 솔로몬의 아들인 르호보암 시대에 애굽에 의하여 결정적인 피해를 입게 됩니다. 과거 솔로몬과 동맹을 맺었던 애굽은 이제 타락한 남유다를 심판하기 위한 하나님의 막대기가 되어 남유다를 침공하게 된 것입니다.
남유다의 참된 안보는 인간적인 수단과 방법에 존재하는 것이 아니라 하나님께 놓여 있음을 깨닫게 합니다.

❶ 우리의 참된 형통과 번영은 어디에 있습니까(시127:1-2)?

3. 솔로몬의 금방패

1. 애굽왕 시삭이 남유다에서 약탈한 것들에는 어떤 것들이 있습니까(왕상14:26)?
   솔로몬의 금 방패는 어떤 상징적인 의미가 있습니까(왕상10:16,17)?

솔로몬은 자신의 통치기간에 금으로 큰방패 200개, 작은 방패 300개를 만들었습니다. 금 방패들은 솔로몬 왕국의 번영과 부를 상징했습니다.

2. 금 방패들을 약탈 당한 후에 르호보암이 그 대안으로 만든 것은 놋 방패였습니다. 르호보암 시대에 놋 방패를 사용하게 된 데에는 어떤 상징적인 의미가 존재합니까(왕상14:27,28)?

금 방패의 약탈은 이제 유다의 번영은 끝이 났음을 알립니다. 유다의 번영은 솔로몬의 우상숭배와 그의 아들 르호보암의 배교와 영적타락과 함께 쇠퇴했습니다. 이제 남유다는 초라하고 빛바랜 왕국으로 전락하게 됩니다. 왕국이 이렇게 쇠약하게 된 것은 이들이 하나님을 버리고 헛된 우상을 좇았기 때문입니다. 남유다의 참된 번영과 성공은 언약의 말씀을 지키고 그 말씀에 순종하는 길에 있는 것입니다.

3. 하나님께서 르호보암과 남유다를 완전히 멸망시키지 않으신 까닭은 무엇입니까(대하12:6,7)?

르호보암과 방백들은 선지자 스마야의 경고를 받고 하나님께 겸비하며 회개하였습니다. 이들의 참회하는 모습을 보며 하나님은 남유다를 완전히 멸하시지 않으셨습니다. 하나님은 회개하며 돌이키는 자에게 소망이 되십니다.

정리하며

르호보암은 아버지의 우상숭배의 죄에서 떠나지 않습니다.

르호보암 역시 아버지의 우상숭배를 답습합니다. 더구나 그의 어머니 나아마는 암몬여인입니다. 밀곰이라는 우상을 숭배하는 이방여인입니다.

솔로몬의 불순종으로 이방여인들이 우상을 가져오고 솔로몬의 자손들도 계속해서 우상숭배의 죄악에서 벗어나지 못합니다.

하나님은 솔로몬 가문의 우상숭배의 죄악을 심판하시기 위해 애굽의 침공이라는 시련의 막대기를 드십니다. 솔로몬 가문의 우상숭배와 배교로 말미암아 솔로몬 가문의 모든 영광과 화려함은 무너지고 맙니다.

하나님을 떠난 형통과 복은 존재하지 않는다는 것을 깨닫게 합니다.

1. 솔로몬 가문의 번영과 영광이 어떻게 쇠퇴하게 되었는지 그 이유를 설명해 봅시다.

2. 솔로몬의 불순종이 이스라엘 역사에 가져온 엄청난 폐해를 설명해 봅시다(신7:3,4).

3. 우리 인생의 참된 형통과 번영은 어디에 달려 있습니까(사1:19,20)?

♡ "여호와께서 집을 세우지 아니하시면 세우는 자의 수고가 헛되며 여호와께서 성을 지키지 아니하시면 파수꾼의 깨어 있음이 헛되도다 너희가 일찍이 일어나고 늦게 누우며 수고의 떡을 먹음이 헛되도다 그러므로 여호와께서 그의 사랑하시는 자에게는 잠을 주시는도다"(시편127:1,2)

5

하나님께 신실합시다

성경: 열왕기상 15:1-16:7 / 찬송: 450(내 평생 소원 이것뿐)

르호보암의 뒤를 이어 아비얌이 남유다의 2대왕이 되었지만 그는 하나님께 신실하지 않았습니다.

그러나 하나님은 다윗과의 언약을 기억하시고 남유다를 완전히 멸하지는 않으셨습니다.

아사는 남유다의 3대왕이며 그는 남유다에서 비교적 하나님께 정직하며 믿음으로 통치한 왕이었습니다. 그는 우상척결을 위해 자신의 어머니의 태후의 위까지도 폐한 종교적 열정을 가진 왕이었습니다.

바아사는 여로보암 왕조를 심판하는 하나님의 도구로 사용이 되었습니다. 하나님은 그를 티끌같은 천한 신분에서 들어 왕으로 세워주셨습니다. 그러나 바아사는 하나님께서 베풀어 주신 은혜를 배반하고 여로보암의 우상숭배와 배교의 길에서 벗어나지 못했습니다.

1. 아비얌

1. 아비얌은 어떤 왕입니까(왕상15:1-3)?

아비얌은 르호보암의 아들이며 남유다 제2대 왕입니다.

2. 아비얌의 행위가 하나님앞에서 온전하지 못하였습니다. 그럼에도 불구하고 다윗의 후손들이 왕권을 유지할 수 있었던 이유는 무엇입니까(왕상15:3,4)?
   여호와께서 다윗을 위하여 주신 '예루살렘의 등불'은 무엇을 의미합니까(왕상15:4)?

아비얌이 하나님앞에서 신실하지 못했지만 그의 왕권은 유지되고 망하지 않았습니다. 그것은 하나님께서 다윗에게 약속하신 언약(삼하7:8-17) 때문입니다.
그 언약에 기초하여 하나님은 다윗의 후손들에게 은혜를 베푸시고 다윗 왕가를 보존하신 것입니다.

'등불'이란 '자손들'을 가리킬 때 사용되는 말입니다(삼하21:17). 이것은 '다윗의 후손들'을 의미합니다.

3. 유다와 북이스라엘의 관계는 어떠했습니까(왕상15:6,7; 왕상14:30)?
이들의 전쟁의 근본 원인은 무엇입니까(참고, 왕상11:14,23,26)?

남유다는 솔로몬의 우상숭배이후로, 북이스라엘은 여로보암의 우상숭배이후로 계속해서 하나님의 말씀을 버리고 불순종하며 거역의 길을 갑니다. 그리하여 하나님은 이들에게 참된 평안을 허락하지 않으십니다(잠16:7).
참된 평화는 하나님으로부터 옵니다(요14:27).

2. 아사

1. 아사는 어떤 왕입니까(왕상15:9-12,14)?

   그가 행한 믿음의 행위는 무엇입니까(왕상15:11-13)?

아사는 남유다의 제3대 왕입니다. 아사는 하나님앞에서 정직히 행한 왕이었습니다.

2. 아사가 자신의 어머니 마아가의 태후의 위를 폐한 까닭은 무엇입니까(왕상15:13)?

   아사가 태후의 위를 폐하는 종교개혁이 얼마나 어려운 일이었는지를 말해 봅시다.

아사는 하나님앞에서 종교개혁을 했습니다. 그는 하나님 보시기에 믿음의 왕이었습니다. 아사는 자신의 어머니 마아가가 우상숭배를 함으로 그녀를 태후의 자리에서 폐하였습니다. 아사가 하나님을 향한 절대적 믿음이 없었다면 이런 일을 도저히 할 수 없었을 것입니다.

❶ '인간의 혈육의 정'을 뛰어 넘은 아사의 종교적 열정이 왜 대단한 것인지를 말해 봅시다(막10:29,30). 당신은 참된 믿음을 위하여 그 어떠한 인간의 정도 뛰어 넘을 수 있는 믿음을 가지고 있습니까(마10:37)?

3. 아사의 노년에 어떤 어려움이 있었습니까(왕상15:23)?
아사의 노년기에 그에게 아쉽고 부족한 점은 무엇입니까(대하16:12)?

아사통치 말년에 발병한 이 병은 통풍(痛風)일 것이라고 합니다. 통풍은 극심한 통증을 수반하는 고통스러운 병이라고 합니다. 아사는 이렇게 심각한 질병을 앓고 있었지만 정작 그는 치유를 위해 하나님께 도움을 구하지 않았습니다. 아사는 치유를 위하여 오직 의사들에게만 도움을 구했습니다. 이것은 아사가 하나님을 무시한 것이고 불신앙의 행위가 됩니다. 그는 자신의 병의 치유를 위해 하나님께 구했어야 했습니다.

❶ 병의 치유를 위해서 의사들만 찾는 행위가 어떻게 하나님앞에서 잘못된 행위가 됩니까(약5:14,15)?

3. 바아사

1. 바아사가 예후에게 책망을 받는 이유가 무엇입니까(왕상16:1,2)?
하나님은 바아사를 책망하시면서 그가 어떤 신분에서 왕이 된 것을 상기시키십니까(왕상16:2)?

티끌은 먼지 같은 아주 미미한 물질을 말합니다. 하나님께서 바아사를 티끌에서 주권자로 삼으셨다는 말씀은 바아사의 신분이 너무나 비천한 신분이었다는 것을 의미합니다. 즉 바아사는 왕이 될수 없는 그런 형편없는 사회적 신분의 사람이었음을 말씀합니다. 그럼에도 불구하고 그가 왕이 될수 있었던 것은 오직 하나님의 절대적인 은혜의 결과였음을 말씀합니다.

2. 바아사가 자신을 왕으로 세워주신 하나님에게 어떻게 보답합니까(왕상16:2b)?

바아사는 자신을 왕으로 세워주신 하나님의 은혜를 기억하며 하나님의 말씀에 순종하며 다윗의 길로 행했어야 했습니다. 그것이 바아사가 형통한 길로 가는 것입니다. 그러나 바아사는 하나님의 은혜를 망각하고 도리어 불순종과 배교의 길로 갑니다. 이것은 자신을 왕으로 세워주신 하나님에 대한 배신의 행위입니다.

3. 하나님은 바아사에게 어떤 심판을 내리십니까(왕상16:3,4)? 바아사가 무엇을 기억해야 했습니까(시113:7,8; 눅17:16,17; 엡3:7,8)?

바아사는 자신이 어떤 존재였었는지를 잊었습니다. 그가 왕이 된 것은 전적으로 하나님의 일방적인 은혜였습니다. 그러나 그는 하나님께서 자신에게 베풀어 주신 너무나 큰 은혜를 잊었습니다. 오히려 그는 하나님의 은혜를 망각하고 배교와 불순종으로 갚았습니다.

4. 티끌에서 세우심을 받은 우리가 하나님께 대하여 가져야 할 바른 태도에 대하여 생각해 봅시다(엡1:4-6; 2:8,9).

우리는 모두 하나님의 은혜로 티끌에서 세움을 받은 존재들입니다(창2:7; 시8:4,5). 값을 길이 없는 하나님의 은혜를 받은 우리는 마땅히 그분의 영광스러운 은혜를 감사하고 찬송해야 합니다. 우리의 전생애를 통하여 하나님의 말씀에 순종하며 그 분의 기뻐하시는 언약의 말씀위에 거하며 살아야 합니다(전12:13).

정리하며

아비얌은 솔로몬과 르호보암의 배교를 좇아 하나님께 진실하지 못했습니다. 그럼에도 불구하고 하나님께서 다윗의 가문을 멸망시키지 않으신 까닭은 다윗에게 주신 언약의 약속 때문입니다.

아사는 하나님께 충성된 자세를 보였습니다. 그는 믿음으로 살고자 우상숭배하는 어머니 마아가의 태후의 위까지 폐하였습니다. 아사는 혈육의 정보다도 믿음을 더 우선시하였습니다. 그러나 아사는 말년에 중병을 앓았고 의사에게만 치료를 의뢰하고 하나님께는 도움을 구하지 않았습니다. 바아사는 왕이 될수 없는 비천한 신분의 자리에서 하나님의 은혜로 왕이 되었지만 그는 오히려 하나님을 거역하고 여로보암의 길을 좇아 배교의 길을 갔습니다.

1. 아사가 믿음으로 살고자 어떤 종교적 열정을 보였는지를 정리해 봅시다.
   당신은 믿음으로 살고자 어떤 노력을 하고 있습니까?

2. 바아사의 가문이 왜 멸절을 당하게 되었는지 그 이유를 말해 봅시다.

♡ "그런즉 너희 하나님 여호와께서 너희에게 명령하신 대로 너희는 삼가 행하여 좌로나 우로나 치우치지 말고 너희 하나님 여호와께서 너희에게 명령하신 모든 도를 행하라 그리하면 너희가 살 것이요 복이 너희에게 있을 것이며 너희가 차지한 땅에서 너희의 날이 길리라"(신 5:32,33)

하나님의 경고에 주의합시다

성경: 열왕기상 16:29-34 / 찬송: 528(예수가 우리를 부르는 소리)

아합은 오므리의 아들이며 북이스라엘의 7대왕입니다. 아합이 통치하던 시기는 북이스라엘에서 가장 어두웠던 영적인 흑암기였습니다. 또한 아합은 바알 숭배자였던 이세벨과 결혼을 함으로써 더욱 우상숭배의 절정을 이룹니다. 그리고 이 어두운 영적인 시기에 벧엘 사람 히엘이 하나님의 말씀에 도전하여 여리고 재건축을 시도합니다.

1. 오므리의 아들

1. 34절에 나오는 '그 시대'란 어느 시대를 말합니까(왕상 16:29,34)?

   아합은 어떤 인물입니까(왕상16:29-33)?

아합은 오므리의 아들입니다(왕상16:29). 그는 북이스라엘의 7대왕이며 그의 아내는 이세벨입니다(왕상16:31). 아합의 자녀들은 아하시야와 여호람(요람)과 아달랴가 있습니다. 열왕기서 저자는 아합왕을 북이스라엘의 가장 악한 왕중 한명으로 평가합니다.

2. 이세벨과 그녀의 아버지 엣바알은 어떤 인물입니까(왕상16:31)?

이세벨의 아버지 엣바알(Ethbaal)은 원래 바알 신전의 제사장이었다고 합니다. 그래서 엣바알의 이름에는 '바알'이라는 색채가 아주 강합니다. 이세벨은 아버지의 영향을 따라 철저한 바알 숭배자였습니다. 이세벨은 북이스라엘에 정략결혼으로 입성하여 북이스라엘 전체를 바알 숭배로 타락시킵니다.

3. 아합이 이세벨과 결혼한 것은 어떤 점에서 하나님앞에서 악한 행위가 됩니까(왕상16:31)?

이세벨은 열렬한 바알 숭배자 가문의 딸입니다. 이세벨이 열렬한 바알 숭배자였음을 알면서 이런 여자를 북이스라엘의 왕비로 삼았다는 것은 이미 오므리와 아합이 하나님의 말씀을 버리고 하나님을 무시하고 모독하는 행위였습니다.

❶ 믿음의 결혼이 왜 하나님을 존중하는 행위가 됩니까?
믿음의 결혼이 미치는 영향에 대해 생각해 봅시다(창6:1,2; 왕상11:1).

2. 여리고 재건축

1. 아합이 통치하던 그 시대에 누가 여리고를 재건합니까(왕상16:34a)?

2. 여리고를 재건하는 사람이 받을 하나님의 저주는 무엇입니까(왕상16:34; 수6:26)?

여리고 성이 무너졌을 때 여호수아는 하나님의 이름으로 백성들에게 맹세하게 했습니다. 그것은 누구든지 무너진 여리고 성을 재건축하는 자는 하나님의 저주를 받을 것이며 맏아들과 막내아들을 잃게 될 것이라는 저주입니다.

3. 하나님의 경고에도 불구하고 여리고를 재건한다는 것에는 어떤 영적인 의미가 있습니까?

여리고는 하나님께서 무너뜨리신 성입니다. 하나님은 여호수아를 통하여 여리고를 재건하는 일을 금지하시고 이 일을 시도하는 자는 하나님의 저주를 받을 것이라고 경고하셨습니다. 그리고 여리고는 아합시대까지 약 500년 동안 아무도 감히 재건하려는 시도를 하지 못했습니다. 그것은 하나님의 말씀에 대한 두려움과 경외감 때문입니다. 그런데 아합시대에 하나님의 말씀을 무시하고 하나님의 말씀에 대한 노골적인 도전이 여리고 재건으로 나타났습니다.

3. 벧엘 사람 히엘

1. 히엘이 여리고를 재건할 때 그에게 어떤 일이 일어났습니까 (왕상16:34)?

하나님께서 금지하신 여리고를 재건하던 히엘은 여호수아의 경고대로 맏아들과 막내아들을 잃게 되었습니다.

2. 히엘은 맏아들 아비람을 잃었을 때 여리고 재건을 멈추었어야 했습니다(왕상16:34; 수6:26).
히엘이 어떤 점에서 어리석은 자인지를 생각해 봅시다(시14:1; 시49:20).

히엘은 맏아들을 잃었을 때 여리고 재건을 멈추었어야 했습니다. 그러나 그가 왜 여리고 재건을 멈추지 않았을까 하는 의문이 듭니다. 아마도 그는 맏아들의 죽음이 '우연'이라고 생각했을지도 모릅니다. 또는 그가 왕명에 의해 부득이하게 여리고 재건을 계속 진행해야 할 이유가 있었을지도 모릅니다. 어쨌던 하나님의 경고대로 맏아들을 잃고도 여리고 재건을 강행 한 것은 그가 하나님의 말씀을 얼마나 무시하고 있었는지를 알수 있습니다.

3. 히엘의 가정에 일어난 저주를 통하여 하나님께서 주시고자 하시는 교훈은 무엇입니까(왕상16:34; 사40:8)?

여호수아를 통하여 백성들에게 주신 하나님의 경고는 시대와 공간을 초월하는 변함없는 진리의 말씀입니다. 하나님의 말씀은 세월이 흐른다고 하여 퇴색되거나 약화되지 않습니다. 하나님의 말씀은 언제나 변함없는 능력을 지니고 있습니다. 하나님의 말씀은 영원한 능력을 갖습니다. 시간과 공간이 다르다하여 하나님의 말씀의 능력을 의심하고 도전하는 행위는 어리석은 행위일뿐입니다.

정리하며

북이스라엘 오므리의 왕조는 시돈 왕 엣바알과 정략결혼을 함으로써 더욱 타락하게 됩니다. 이세벨은 엣바알의 딸이며 열렬한 바알의 추종자였습니다. 그녀가 북이스라엘에 시집을 오면서 북이스라엘에 바알종교를 장려합니다.

아합시대에 히엘이라는 사람이 하나님의 경고의 말씀을 무시하고 여리고 재건을 도전합니다. 그러나 그는 여호수아의 입에서 나온 경고대로 맏아들과 막내아들을 잃고 맙니다. 시간과 공간을 초월하여 여전히 녹슬지 않는 하나님의 변함없는 말씀의 능력을 다시한번 실감하게 됩니다.

비록 종교적으로 타락하였지만 하나님의 말씀의 능력에는 변함없다는 것을 보여주시는 것입니다. 오늘날에도 여전히 하나님의 말씀은 변함이 없으시고 능력을 주시는 살아있는 말씀입니다.

1. 벧엘 사람 히엘이 왜 맏아들과 막내아들을 잃게 되었는지를 정리해 봅시다.

2. 시대가 흘러도 변함이 없으신 하나님의 말씀의 능력을 생각해 봅시다(벧전 1:23-25; 사55:11; 히4:12; 롬10:17).

♡ "그러므로 모든 육체는 풀과 같고 그 모든 영광은 풀의 꽃과 같으니 풀은 마르고 꽃은 떨어지되 오직 주의 말씀은 세세토록 있도다 하였으니 너희에게 전한 복음이 곧 이 말씀이니라"(벧전1:24,25)

하나님의 손길을 기대합시다

성경: 열왕기상 17:1-16 / 찬송: 380(나의 생명 되신 주)

하나님은 우상숭배자 아합의 시대에 3년 6개월의 기근을 내리셨습니다. 이것은 하나님께 불순종하며 우상숭배에 빠진 아합과 북이스라엘에 대한 하나님의 심판이었습니다. 하나님은 영적인 암흑기에 당신의 뜻을 전하시기 위해 엘리야를 불러 세우셨습니다. 엘리야는 아합에게 3년 6개월의 기근을 선포하고 은둔에 들어 갑니다. 은둔의 시간동안 하나님은 당신의 선지자를 책임지시고 친히 공궤해 주셨습니다. 엘리야의 공궤자는 다름아닌 까마귀와 가난한 과부였습니다. 이것은 하나님께서 당신의 종의 참된 공궤자이심을 말씀하시는 것입니다.

1. 기근

1. 엘리야가 아합에게 경고한 것은 무엇입니까(왕상17:1)?

2. 아합시대에 발생한 수년 동안의 기근의 원인은 무엇입니까(왕상17:1; 왕상 16:29-33; 신11:14,16,17; 눅15:14)?

하나님은 이스라엘 백성들이 하나님을 버리고 우상숭배하면 어떻게 될 것인지에 대하여 오래 전부터 경고하여 왔었습니다(신11:16). 아합시대에 일어난 3년 6개월의 기근은 우연으로 발생한 자연재해가 아니었습니다. 그것은 불순종하고 타락한 아합과 북이스라엘 공동체에 내린 하나님의 끔찍한 형벌이었습니다.

❶ 하나님의 말씀에 대한 순종과 불순종에 대한 결과들을 생각해 봅시다(신 28:1-6; 15-19).

3. 하나님께서 아합에게 기근을 보내신 까닭은 무엇입니까?

하나님께서 내린 3년 6개월의 기근은 아합에게 충격을 주는 것입니다. 왜냐하면 아합이 숭배하는 바알은 비와 풍요를 약속하는 신입니다. 더구나 바알은 자연을 지배하여 땅에 비를 내리고 풍부한 소산을 가져다 주는 우상으로 숭배됐습니다.

❶ 엘리야의 기근선언은 어떻게 바알에 대한 정면도전 선언이 됩니까?

2. 그릿 시냇가

1. 하나님은 엘리야에게 어디로 가서 숨어 있으라고 명령하십니까(왕상17:2,3)?

때로는 종종 사역자가 은둔하며 하나님의 때를 기다려야 하는 시기가 있습니다. 이때에는 하나님의 사역을 위하여 기다려야 합니다. 하나님은 엘리야에게 그릿 시내로 가서 숨으라고 명령하셨습니다. 그릿 시내는 요단 동편에 위치한 곳이며 엘리야가 조용히 은둔하기에 좋은 곳입니다.

❶ 당신은 하나님의 때를 기다리며 인내할 줄 아는 사람입니까?

2. 하나님은 은둔한 엘리야를 어떻게 먹이셨습니까(왕상17:3,4)?
까마귀들이 엘리야를 위해 한 일은 무엇입니까(왕상17:6)?

까마귀들이 엘리야에게 아침과 저녁으로 먹을 음식을 물고 온 것은 기적입니다. 더구나 까마귀들의 이러한 특이행동은 수개월동안 이어졌습니다. 이것은 하나님께서 당신의 종을 친히 먹이시고 입히신다는 사실을 보여 주시는 것입니다.

3. 까마귀를 통하여 엘리야를 먹이시는 하나님의 놀라우신 능력에 대하여 생각해 봅시다(마6:31-33).

까마귀들은 먹을 것에 대한 자기 욕심이 많은 새로 알려져 있습니다. 이런 까마귀가 엘리야에게 음식을 물어 준다는 것은 가능하지 않는 일입니다. 이것은 하나님의 손길이 아니고서는 일어날 수 없는 일입니다. 하나님은 당신의 종을 먹이시기 위해 새까지 불러 사용하십니다.

3. 진정한 공궤자(供饋者)

1. 하나님은 엘리야에게 두 번째 공궤지로 이동할 것을 명령하십니다. 엘리야가 명령받은 새로운 공궤지는 어디입니까(왕상 17:8,9)?

'공궤하다(供饋,feed)'는 의미는 '먹을 것과 입을 것등 생활에 필요한 것들을 제공하고 섬기는 행위'를 의미합니다.

2. 엘리야를 공궤할 이 과부의 경제적 형편은 어떠했습니까(왕상 17:10-12)?
   이 과부가 가진 것은 무엇이며 과연 사르밧 과부가 엘리야를 공궤할 능력이 있는 사람입니까(왕상17:12)?

사르밧 과부는 지금 누군가를 도울 수 있는 그런 형편에 있지 않습니다.
이 과부의 가정에는 현재 '통에 있는 한 움큼의 가루와 병에 조금 남아 있는 기름'이 전부입니다. 이것으로 어떻게 엘리야를 공궤합니까? 불가능합니다. 지금 과부는 마지막 가루를 빵으로 구워 먹고 아들과 굶어 죽을 작정이었습니다. 그런데 어떻게 이런 여자가 엘리야를 공궤 할 수 있습니까? 그것은 사람이 엘리야를 먹이는게 아니라 하나님께서 친히 당신의 종을 먹이신다는 사실을 알게 하시는 것입니다.

3. 엘리야가 이 과부에게 명령한 것은 무엇입니까(왕상17:13,14)?

4. 엘리야를 먹이시고 이 과부의 가정에 가루와 기름을 계속적으로 공급해 주시는 분은 누구십니까(왕상17:14,15,16)?

하나님은 수년 간의 기근동안 엘리야가 굶어 죽지 않도록 끊임없이 가루와 기름을 공급해 주셨습니다. 3년 6개월의 기근동안 선지자를 먹이신 것은 까마귀도 사르밧 과부도 아닙니다. 그것은 바로 '하나님'이셨습니다. 당신의 종의 진정한 공궤자는 하나님이셨습니다. 하나님께서 당신의 종을 책임지시고 친히 엘리야에게 먹을 것을 공급해 주신 것입니다.

❶ 당신의 삶의 진정한 공궤자는 하나님이시라는 사실을 인정하십니까(왕상17:4,9; 마6:31-33)?

정리하며

북이스라엘에 바알숭배가 절정에 달했을 때 하나님은 엘리야 선지자를 아합과 이세벨에게 보냈습니다. 그리고는 3년 6개월의 기근을 선포했습니다. 엘리야의 기근선포는 바알에 대한 중대한 도전이었습니다.

그러나 바알이 그렇게 숭배되던 3년 6개월동안 비는 내리지 않았고 대지는 타들어 가기만했습니다. 하나님은 엘리야를 그릿 시냇가로 보내셔서 친히 까마귀를 동원하여 먹이시고 사르밧으로 보내 경제적 무능력자인 과부의 집에서 당신의 종을 먹이셨습니다. 사르밧 과부를 통하여 하나님은 당신이 친히 선지자를 먹이신 것을 보여 주시는 것입니다.

1. 바알이 헛된 우상일뿐이며 허구의 신이라는 사실을 어떻게 알수 있습니까?

2. 까마귀와 사르밧 과부를 통하여 엘리야 선지자를 먹이신 까닭은 무엇입니까?

3. 우리의 참된 풍요를 책임져 주실 분은 오직 하나님뿐이라는 진리를 믿으십니까(마6:31-33)?

♡ "오늘 있다가 내일 아궁이에 던져지는 들풀도 하나님이 이렇게 입히시거든 하물며 너희일까보냐 믿음이 작은 자들아 그러므로 염려하여 이르기를 무엇을 먹을까 무엇을 마실까 무엇을 입을까 하지 말라"(마 6:30,31)

8

사역자를 귀하게 여깁시다

성경: 열왕기상 18:1-15 / 찬송: 336(환난과 핍박 중에도)

아합과 이세벨의 바알숭배와 배교로 북이스라엘은 심각한 영적인 암흑기를 맞게 됩니다. 오바댜는 이러한 시대에 아합의 최측근에서 일하는 궁내대신이었습니다. 아합은 악한 왕이었지만 오바댜는 아합에게서조차 신임과 신뢰를 받는 인물이었습니다. 아합과 이세벨이 주의 종들을 핍박하고 멸절시키고 있을 때 오바댜는 자신의 목숨을 아끼지 아니하고 선지자들을 숨기고 그들에게 음식과 물을 제공함으로 비밀리에 공궤합니다. 그가 얼마나 여호와를 크게 경외하는 자인지를 알 수가 있습니다.

1. 북이스라엘의 기근

1. 하나님은 엘리야에게 어떤 명령을 주셨습니까(왕상18:1)? 엘리야가 다시 아합에게 나타났을 때 북이스라엘의 상황은 어떠하였습니까(왕상18:2)?

2. 이세벨이 시돈에서 들여 온 바알은 어떤 신입니까(왕상 16:31)?

북이스라엘의 기근과 바알숭배와의 관계성을 생각해 봅시다 (왕상18:2).

바알숭배는 아합 통치시기에 국가적으로 장려되고 있었습니다. 아합과 이세벨은 바알 숭배 정책을 펼쳤고 여호와 신앙을 말살하고 있었습니다. 바알은 풍요와 다산의 신으로 숭배됐습니다. 바알은 농업을 주관하는 신이며 구름과 비를 다스리는 신입니다. 그런데 기근이 심각한 3년 6개월 동안 바알은 아합과 이세벨을 위하여 아무 것도 하지 못했습니다. 이것은 바알이 한낱 헛된 우상일뿐이며 거짓된 신이였음을 말해 주는 것입니다.

3. 진정한 기근의 해결자는 누구이십니까(왕상18:1b)?

하나님께서 엘리야에게 말씀하신 것은 북이스라엘에 비를 내리는 신은 바알이 아니라 하나님 자신이라는 것을 말씀하고 있습니다. 하나님은 비를 막기도 하시고 비를 내리기도 하시는 분이십니다.

2. 여호와를 경외하는 자

1. 오바댜는 아합의 정권에서 어떤 일을 맡은 자입니까(왕상 18:3)?

   오바댜가 맡은 업무의 중요성을 생각해 봅시다.

오바댜는 아합의 정권에서 왕궁의 살림을 책임진 사람입니다. 그는 한 왕조의 살림살이를 총괄하는 자리에 위치한 최고위급 관리였습니다. 이것은 아합이 오바댜를 얼마나 신임하고 있는지를 알 수 있습니다. 특히 아합은 바알 숭배자였습니다. 그러나 오바댜는 이러한 악한 왕의 신임까지도 얻는 신뢰받는 인물이었음을 알수 있습니다.

2. 우리는 자신이 맡은 바 자리에서 신뢰와 신임을 얻는 사람이 되어야 합니다. 당신은 자신이 속한 조직이나 직장 혹은 교회에서 얼마나 신뢰와 신임을 받는 사람입니까(창39:4; 단6:4; 골 3:22-24)?

3. 오바댜가 가진 믿음은 어떤 믿음입니까(왕상18:3b)?

‘지극히’에 해당하는 히브리어는 ‘메오드’인데 ‘대단히’, ‘크게’라는 뜻입니다. 이것은 오바댜가 하나님을 보통 정도로 믿고 경외한 것이 아니라 아주 열성적이고 충성적으로 믿었음을 말해 줍니다.

4. 종교박해의 영적인 흑암의 시대에도 불구하고 오바댜는 믿음의 사람으로서 어떤 일을 감당했습니까(왕상18:4,13)?
오바댜의 이러한 행위가 왜 위험한 것인지를 생각해 봅시다.

오바댜는 아합과 이세벨이 선지자들을 박해하고 죽일 때 오히려 그는 하나님의 선지자들을 동굴에 숨기고 그들에게 음식과 물을 제공해 주어 그들을 돌보며 생명을 유지하도록 돕습니다. 만약에 오바댜의 이러한 행동을 아합과 이세벨이 알았다면 오바댜는 어떻게 될까요? 아합과 이세벨은 선지자들을 찾아내어 죽이고 박해하는 자들입니다. 그런데 그의 신하가 자신들의 뜻을 거스르며 선지자들을 보호하고 숨기고 있다면 어떤 일이 일어나게 될까요? 오바댜의 이런 행위는 자신의 목숨을 담보로 하는 아주 위험한 행위입니다. 이것이 바로 순교를 각오한 믿음입니다.

5. 오바댜는 시대를 탓하며 수수방관하는 믿음이 아니었습니다. 당신은 좋은 믿음을 위하여 시대와 환경을 탓하고 있지는 않습니까?
   좋은 믿음생활을 위하여 필요한 것은 무엇이라고 생각하십니까?

오바댜가 처한 시대적 현실은 아합과 이세벨이 바알숭배정책을 강력하게 추진하는 영적인 암흑의 시대였습니다. 이러한 시대는 믿음으로 사는 자들에게 아주 고통스럽고 답답하며 절망감을 주는 시대입니다.
더구나 오바댜는 우상숭배자인 아합을 왕으로 섬기고 있었습니다. 이런 바알숭배자 아래에서 여호와를 경외하는 오바댜가 얼마나 고통스럽고 힘들었겠습니까? 아합과 이세벨은 국가 공권력을 동원하여 선지자들을 대대적으로 처형하고 탄압하고 있습니다. 이런 시대에 오바댜는 우상숭배의 심장부에서 여호와를 경외하는 믿음생활을 하고 있었습니다.

3. 겸손한 사람

1. 오바댜가 길을 가다가 누구를 만났습니까(왕상18:7)?

2. 오바댜는 엘리야를 만나 두가지 겸손한 모습을 보여 줍니다.
그 두가지는 무엇입니까(왕상18:7)?

1)

2)

첫째, 그는 엘리야를 만났을 때 엘리야 앞에서 엎드렸습니다.
오바댜는 엘리야앞에서 엎드린 정도가 아니라 아예 엎드려 절을 했습니다. 오바댜는 현재 북이스라엘의 왕궁 살림을 맡은 관리입니다. 그는 그 시대 정권의 최고위 권력에 속한 자입니다. 그런 그가 일개 선지자앞에서 무릎을 꿇고 엎드린 것입니다. 이것은 오바댜가 얼마나 하나님의 선지자를 존경하며 동시에 겸손한 사람인지를 보여 주는 것입니다. 그는 지금 고위관리였지만 자신의 세상의 지위와 권력을 내세우지 않고 선지자앞에서 참으로 겸손한 사람이었습니다.

둘째, 오바댜는 엘리야를 향하여 '내 주 엘리야여'라고 말합니다. '내 주'라는 말은 히브리어로 '아도나이'인데, 이는 종이 주인을 부를 때, 신하가 왕을 호칭할 때 쓰는 말입니다. 궁내대신 오바댜가 평민에 불과한 선지자에게 '내 주여'라고 호칭한 것입니다. 무엇인가 앞뒤가 바뀐 상황처럼 보입니다. 그러나 그만큼 오바댜가 하나님을 경외하는 인물이었고 동시에 하나님의 선지자에게 깍듯한 존칭을 사용한 것입니다.

3. 말과 행동을 통해 그 사람의 '됨됨이'를 알수 있습니다. 오바댜는 그의 겸손함이 그의 행동과 말에서 묻어 나왔습니다.
   당신은 생활 가운데 어느 정도의 겸손함을 지니고 있습니까(약4:6)?

정리하며

오바댜는 여호와를 크게 경외하는 자였습니다.

그가 살았던 시대는 영적으로 아주 어두웠던 종교적 암흑기였습니다. 아합과 이세벨이 바알의 열렬한 숭배자가 되어 국가적으로 바알숭배를 장려하던 어두운 시대였습니다.

그러나 그는 목숨을 걸고 핍박받던 선지자들을 100명이나 개인적인 비용으로 먹이고 보호했습니다. 그러면서 그는 악한 아합왕의 통치에서 신뢰받고 인정받는 성실한 신하였습니다. 오바댜는 또한 하나님의 선지자를 존경하는 사람이었습니다. 그는 엘리야에게 무릎을 꿇고 겸손하게 절을 합니다. 그는 결코 자신의 권력을 내세워 자기 자신을 자랑하는 그런 거만한 사람도 아니었습니다.

1. 오바댜가 어두운 종교적 시대에도 불구하고 어떻게 그의 믿음을 지켜가고 있었습니까?
   당신은 좋은 믿음을 위해 시대적 환경을 탓하는 사람은 아닙니까?

2. 오바댜가 얼마나 겸손한 사람이었는지를 정리해 봅시다.

♡ "복음에는 하나님의 의가 나타나서 믿음으로 믿음에 이르게 하나니 기록된 바 오직 의인은 믿음으로 말미암아 살리라 함과 같으니라"(롬 1:17)

9

문제의 원인을 파악합시다

성경: 열왕기상 18:16-40 / 찬송: 314(내 구주 예수를 더욱 사랑)

열왕기상 18장에는 엘리야가 바알 선지자 450명과 아세라 선지자 400명을 대항하여 갈멜산 번제단에서 영적전쟁을 하는 장면이 나옵니다. 이들은 기근에 대한 원인을 두고 '누가 진짜 신인가'에 대한 대결을 펼칩니다. 하늘에서 불이 내려 번제단을 태우는 신이 진정한 신이고 아무런 응답도 없고 반응도 없는 신은 가짜 신이라는 것입니다. 바알은 선지자들의 요란한 종교행위에도 불구하고 아무런 반응도 없습니다.

그러나 물에 흠뻑 젖은 번제단은 엘리야의 기도 한마디에 하늘에서 불이 내리고 번제단 도랑의 물까지 다 태워집니다. 이것은 하나님만이 이스라엘의 참 신이심을 증거하는 것입니다.

1. 이스라엘을 괴롭게 하는 자

1. 아합이 엘리야에게 던진 첫마디는 무엇입니까(왕상18:17)?

아합이 엘리야에게 그렇게 말한 까닭은 무엇일까요?

'괴롭게 하는 자'란 히브리어로 '아카르'인데 '말썽꾼', '문제꾼'(troubler)이라는 의미입니다. 아합은 엘리야를 북이스라엘의 골칫덩어리로 몰아 세웁니다. 아합은 지금까지 수년 간의 기근이 엘리야 때문에 일어난 것으로 간주합니다. 바알은 비와 풍요의 신인데 지금 엘리야가 바알을 화나게 만들어서 북이스라엘 전체에 기근이 왔다는 말입니다. 즉 한 명의 말썽꾼 때문에 온 나라가 바알의 진노를 받아 기근이라는 재앙을 받고 있다는 것입니다.

2. 진정으로 북이스라엘을 괴롭게 하는 자가 누구입니까(왕상 18:18)?
3년 6개월 기근의 진짜 원인은 무엇입니까(왕상18:18b)?

진정으로 북이스라엘을 괴롭게 하는 자는 엘리야가 아니라 아합입니다. 3년 6개월의 기근은 엘리야가 바알을 진노하게 만들어서 온 것이 아니라 아합이 하나님께 불순종하고 바알숭배라는 우상숭배를 했기 때문입니다.

3. 아합과 엘리야는 기근에 대한 원인과 책임론에서 서로 다른 관점과 해석을 가지고 있습니다. 이들이 서로 상반된 관점과 해석을 가지는 까닭은 무엇입니까?

이 논쟁은 결국 '누가 진짜 신인가?'에 대한 해답으로 결론이 날 것입니다.
'누가 진짜 신이냐'에 따라 진실은 가려 질 것입니다. 아합은 바알이 참 신이고 바알이 진노해서 기근이 왔다고 생각합니다. 그러나 엘리야는 아합이 하나님을 버리고 거짓 신인 바알숭배에 빠졌기때문이라고 주장합니다.

2. 불로 응답하는 신

1. 엘리야가 아합에게 무엇을 제안했습니까(왕상18:19,20)?

2. 아합과 이세벨이 바알과 바알 선지자들을 어느 정도 숭배하고 장려했는지를 말해 봅시다(왕상18:19).

바알 선지자들은 이세벨의 상에서 먹었습니다. 이것은 아합과 이세벨이 얼마나 적극적으로 이들을 장려하고 후원을 하고 있었는지를 말합니다. 동시에 이들은 하나님의 선지자들을 박멸하고 있었습니다.

3. 갈멜산에서 엘리야 선지자가 바알 선지자들에게 무엇을 제안했습니까(왕상18:23,24)?

4. 바알의 응답을 얻기 위하여 바알 선지자들이 한 행동은 무엇입니까(왕상18:26,28)?

5. 바알의 응답은 무엇입니까(왕상18:29)?

바알 선지자들은 바알의 응답을 얻기 위하여 광란적인 제사의식을 했습니다. 그러나 존재하지도 않는 거짓 신은 아무런 반응이 없었습니다. 이것은 바알이 허구의 신임을 보여 줍니다. 바알은 하늘에서 불을 내릴 수 있는 능력 있는 신이 아니며 인간이 만들어 낸 가짜 신에 불과했던 것입니다(출20:4,5). 그래서 바알은 인간이 만들어 낸 우상일뿐입니다.

3. 여호와의 불

1. 엘리야가 하나님께 기도하기 전에 그가 한 일은 무엇입니까(왕상18:30,31)?
   엘리야가 여호와의 무너진 제단을 수축하는 데에는 어떤 의미가 있습니까(왕상18:30)?

'수축한다'는 것은 헐고 무너진 것을 다시 세우는 작업을 말합니다. 갈멜산에는 예전에 여호와의 제단이 있었습니다. 그러나 이 제단은 아합과 이세벨의 바알숭배정책으로 탄압을 받아 무너졌던 것으로 보입니다. 헐어진 제단의 수축은 '여호와 신앙의 회복'이라는 상징적인 의미를 가집니다.

2. 엘리야는 번제단을 향하여 기도하기 전에 또다른 조치를 취하게 됩니다. 그것은 무엇입니까(왕상18:32-35)?
엘리야가 번제단에 왜 이렇게 많은 물을 부으라고 명령합니까(왕상18:35)?

엘리야가 제단에 이렇게 많은 물을 붓게 한 것은 다음과 같은 이유때문입니다. 불이 우연히 번제단에 붙었다는 인간적인 의심을 배제하기 위함입니다. 또다른 이유는 누군가 속임수로 불을 붙였다는 의구심을 제거하기 위하여 제단에 물을 흠뻑 부은 것입니다. 이것은 오직 번제단에 불을 붙이실 분은 하나님밖에 없음을 분명하게 보여주기 위함입니다.

3. 엘리야의 기도에 대하여 하나님은 어떻게 응답하셨습니까(왕상18:37,38)?

엘리야는 바알의 제사장들처럼 그렇게 오랜 시간 동안 기도하지 않았습니다. 바알의 제사장들처럼 응답을 받기 위해 광란적인 행동도 하지 않았습니다. 엘리야는 그저 하나님의 능력을 보여 달라는 기도를 드렸습니다. 그러자 갑작스럽게 불이 하늘로부터 제단 위에 내려 희생제물을 태우고 도랑의 물까지 태웠습니다. 살아계신 신의 응답은 인간의 엄청난 노력이나 수많은 시간을 요구하지 않았습니다. 그저 선지자의 기도 한 마디만으로 충분했습니다.

4. 하늘에서 불을 내리시고 번제단을 태우신 하나님께서 이스라엘 백성들에게 원하셨던 것은 무엇입니까(왕상18:36,37)?

하나님은 엘리야를 보내셔서 헛된 우상숭배에 빠져 있는 백성들에게 하나님만이 참 신이심을 깨닫기를 원하셨습니다. 바알의 진노 때문에 수년 간의 기근이 온 것이 아니라 그들이 하나님을 버리고 헛된 우상숭배에 빠졌기 때문에 기근이라는 재앙이 왔음을 깨닫게 하신 것입니다. 이들에게 하나님 자신만이 살아계신 참 신이심을 보여 주고자 하셨던 것입니다. 이들이 거짓된 우상들에게서 돌이켜 회개하고 하나님께로 돌아오기를 원하셨습니다.

정리하며

아합은 지금까지 북이스라엘에 3년 6개월의 기근이 임한 것은 엘리야 때문에 바알이 진노한 것으로 믿었습니다. 그러나 실제로 북이스라엘에 혹독한 기근이 임한 것은 바로 아합과 이세벨의 바알숭배 때문입니다. 이들이 하나님을 버리고 우상숭배를 했기 때문입니다. 그러나 아합은 여전히 바알을 신뢰했고 엘리야를 북이스라엘의 골칫덩어리로 간주했습니다.

엘리야는 진정한 기근의 원인이 무엇인지를 확실하게 밝히기 위해 바알의 제사장들과 갈멜산에서 영적대결을 합니다. 하늘에서 불을 내리는 신이 참된 신임을 제안합니다. 바알 선지자들의 광란의 제사의식에도 바알은 침묵하고 어떤 응답도 하지 못합니다. 왜냐하면 바알은 존재하지도 않는 거짓된 허구의 신이기 때문입니다. 그러나 엘리야는 하늘로부터 불을 받기 위해 몇마디 기도만으로 충분했습니다. 왜냐하면 엘리야가 기도한 하나님은 살아 계시고 역사하시는 참 신이시기 때문입니다.

1. 누가 진정으로 북이스라엘을 괴롭게 한 사람입니까?
   북이스라엘을 괴롭게 한 이유는 무엇이었습니까?

2. 살아계신 하나님은 우리의 기도에 반응하시고 응답하십니다. 왜 우리가 중언부언하며 기도하지 않아도 됩니까(마6:7)?

♡ "너는 알지 못하였느냐 듣지 못하였느냐 영원하신 하나님 여호와, 땅 끝까지 창조하신 이는 피곤하지 않으시며 곤비하지 않으시며 명철이 한이 없으시며 피곤한 자에게는 능력을 주시며 무능한 자에게는 힘을 더하시나니"(사40:28,29)

하나님의 음성을 들읍시다

성경: 열왕기상 19:1-18 / 찬송: 300(내 맘이 낙심되며)

엘리야는 갈멜산에서 승리하였습니다.

그는 하나님께서 살아계신 분이심을 온 천하에 알렸습니다. 또한 바알은 거짓되며 한낱 헛된 우상에 불과하다는 사실도 밝혔습니다. 엘리야는 이제 온 세상이 변화될 줄 알았을 것입니다.

그러나 엘리야의 기대와는 달리 온 세상은 조금도 변화되지가 않습니다.

오히려 갈멜산의 소식을 들은 이세벨은 더욱 독이 올라 사람을 보내 엘리야를 협박하고 그의 목숨까지 위협합니다. 기대에서 절망에 빠진 엘리야는 급히 광야를 거쳐 호렙산까지 도망을 갑니다.

1. 이세벨의 협박

1. 아합이 이세벨에게 무엇을 말했습니까(왕상19:1)?
   아합의 말을 전해 들은 이세벨의 반응은 어떠했습니까(왕상19:2)?

아합의 말을 전해들은 이세벨은 즉각 하나님께 항복하거나 우상숭배를 포기하지 않았습니다. 오히려 그녀는 더욱 강하게 반발하며 하나님께 도전하였습니다.

2. 이세벨이 사신을 보내 엘리야에게 경고한 것은 무엇입니까(왕상19:2)?

3. 이세벨의 협박에 대하여 엘리야는 어떻게 반응하였습니까(왕상19:3)?

이세벨의 살해협박은 엘리야에게는 예기치 못한 충격을 주었습니다. 갈멜산의 승리로 순조로운 변화를 기대했던 엘리야는 강경한 이세벨의 협박에 두려움을 느끼고 자신의 생명을 위해 광야로 도망을 가고 말았습니다.

2. 로뎀나무 아래

1. 엘리야가 광야의 한 로뎀 나무아래에서 하나님께 간구한 것은 무엇입니까(왕상19:4)?

2. 엘리야의 간구에서 느껴지는 그의 심적상태는 무엇입니까(왕상18:36,37; 19:10)?

엘리야는 갈멜산의 승리로 이스라엘 백성들이 하나님께로 돌아올 줄 알았습니다. 그는 갈멜산의 사건으로 세상이 완전히 변화가 될 줄로 생각했습니다. 그런데 그의 기대와 달리 세상은 조금도 변하지 않고 오히려 그의 목숨마저 위협을 받는 상태에 처하게 된 것입니다. 엘리야가 느낀 것은 깊은 좌절감과 절망감입니다.

3. 당신은 자신의 사역에 대한 특별한 기대감이 무너지며 깊은 좌절감에 빠지거나 실망하여 본 적은 없습니까?

3. 세미한 소리

1. 엘리야가 로뎀나무 아래에 누워 잔 까닭은 무엇입니까(왕상 19:5)?

로뎀나무는 콩과의 관목이며 2-3m까지 자랍니다. 이 나무는 사막 지역에서 자라며 그늘을 만들어 줍니다. 엘리야는 자신의 사역에 대한 심한 좌절감과 낙심에서 자포자기하는 심정으로 잠들어 버렸습니다.

2. 하나님은 엘리야를 어떻게 위로하셨습니까(왕상19:5,7)?

하나님은 천사를 통하여 낙심과 절망에 빠진 엘리야를 위로하십니다. '어루만지며'라는 말씀의 의미는 하나님의 특별하신 위로를 의미합니다. 그리고 하나님은 종종 당신의 종들이 낙심에 빠졌을 때 친히 찾아 오셔서 위로와 격려를 베푸십니다(요 21:9-14).

3. 하나님은 엘리야를 동굴밖으로 불러내시고 그의 현존을 3가지 표징들을 통하여 보여 주셨습니다. 그것들은 무엇입니까(왕상19:11,12)?

4. 하나님께서 엘리야에게 말씀하신 것은 어떤 방법이었습니까(왕상19:12)?

하나님은 강력한 기적이나 능력으로도 자신을 나타내 보이시지만 당신의 사랑하는 자들에게 부드럽고 잔잔한 음성으로도 다가 오십니다. 하나님은 종종 부드러운 목소리로 찾아 오십니다. 이것이 세미한 음성입니다. 우리들은 조용하고 부드럽게 다가오시는 하나님의 음성을 듣도록 노력해야 합니다.
또한 이런 세미한 음성을 듣기 위한 시간들을 가져야 합니다.

❶ 당신은 이런 세미한 하나님의 음성을 듣기 위한 시간들(말씀묵상과 기도)을 얼마나 가지고 있습니까(시119:147,148; 롬10:17)?

5. 하나님은 '엘리야가 좌절하고 절망하는 문제에 대한 분명하고 확고한 해답'을 갖고 계셨습니다. 다만 하나님의 방법과 시기는 엘리야가 생각했던 방법과 시기와는 달랐던 것입니다.
아합과 이세벨에 대한 하나님의 해법은 무엇입니까(왕상19:15-18)?

※ 이들이 장차 맡을 역할들에 대해서 대답해 봅시다.

1) 아람왕 하사엘(왕하8:12,13; 28)

2) 님시의 아들 예후(왕하9:6-10; 24,25; 32,33)

3) 엘리사(왕하2:15)

하나님은 엘리야가 절망하며 좌절했던 문제들을 하사엘과 예후와 엘리사를 통하여 해결해 주십니다. 하나님은 사람이 생각하는 시기와 방법들을 초월하셔서 당신의 뜻을 이루어가시는 분이십니다. 그러므로 우리는 나의 생각과 방법, 시기와 기대에 맞지 않다고 해서 낙심하거나 조급하게 좌절해서는 안됩니다. 하나님의 응답이 더디다 하여서 초조해져서 안절부절해서는 안되는 것입니다. 하나님께서 역사하시는 때가 있는 것입니다. 그 때를 인내하며 기다려야 합니다.

❶ 하나님의 방법과 역사는 종종 사람들이 생각하는 기대와 방법과는 다소 다릅니다.
우리가 하나님의 역사를 기대하며 어떤 태도와 마음가짐을 가지는 것이 좋습니까(삼상13:9; 롬4:18)?

정리하며

엘리야는 갈멜산의 승리로 개인적인 기대감이 컸습니다. 이제 북이스라엘은 바알숭배를 포기하고 하나님께로 돌아 올 것이라는 기대감이 있었습니다.

그러나 현실은 냉정했습니다. 변할줄 기대했던 이세벨은 오히려 더 반발하고 이제 엘리야 자신의 생명까지도 협박합니다. 엘리야는 이세벨의 협박에 충격을 받고 두려움을 느껴 광야로 도망을 갑니다. 그가 로뎀나무아래에서 느낀 절망감과 좌절감은 말로 표현할 수 없습니다. 그는 하나님께 죽기를 기도했습니다. 이것이 그의 절망감의 표현입니다. 그러나 하나님은 세미한 음성으로 엘리야를 위로하시고 앞으로 어떻게 일이 진행될 것인지에 대한 비젼을 세 사람을 통하여 보여 주셨습니다. 하나님의 역사는 사람의 기대와 방법과는 분명히 다릅니다. 엘리야는 자신이 생각하는 기대와 시기가 있었지만 그러나 하나님은 엘리야의 생각과 방법과는 분명 달랐습니다.

1. 엘리야가 왜 절망하고 좌절하게 되었는지를 정리해 봅시다.

2. 당신이 하나님께 개인적으로 기대하고 바랐던 것들은 없었습니까?

   당신의 기대와 현실적인 차이로 인해 실망하고 좌절했던 기억은 없습니까(합2:1)?

3. 당신은 자신의 기대와 방법을 내려놓고 하나님의 때와 역사하심을 기다릴 수 있으시겠습니까(합2:3)?

"내가 날이 밝기 전에 부르짖으며 주의 말씀을 바랐사오며 주의 말씀을 조용히 읊조리려고 내가 새벽녘에 눈을 떴나이다"(시 119:147,148)

아름다운 신앙의 유산을 지킵시다

성경: 열왕기상 21:1-25 / 찬송: 326(내 죄를 회개하고)

열왕기상 21장은 바알숭배자요 배교자인 아합이 나봇이라는 믿음의 백성을 상대로 행한 만행을 기록한 장입니다.

아합은 개인적인 탐욕으로 나봇의 포도원을 빼앗고자 했습니다. 그러나 나봇은 이 포도원을 아합에게 팔기를 거절합니다.

왜냐하면 나봇은 하나님의 율법과 조상들의 관습을 지키고자 하는 충직한 마음이 있었습니다.

아합은 탐욕적인 목적에서 나봇의 포도원을 강탈 하고자 했으며 나봇은 하나님을 경외하는 마음에서 포도원을 지키고자 한 것입니다. 사악한 이세벨이 개입하여 나봇을 죽이고 그의 포도원을 빼앗아 갑니다.

이것은 아합과 이세벨이 얼마나 탐욕적이고 윤리 도덕적으로도 타락한 사람들이었는지를 보여 줍니다.

1. 조상의 유산

1. 아합이 나봇에게 무엇을 요구했습니까(왕상21:2)?

2. 나봇이 아합의 요구를 거절한 까닭은 무엇입니까(왕상21:3,4; 참고, 레위기25:23-28; 민27:8-11; 36:9,10)?

이스라엘 백성들에게 있어서 토지란 하나님의 것입니다(레25:23). 여호수아는 가나안 땅을 각 지파별로 분배했고 이스라엘 백성들은 분배된 땅을 자기 마음대로 사거나 팔거나 할수 없었습니다. 나봇도 하나님의 말씀에 따라 조상에게 분배된 땅을 자신의 마음대로 사거나 팔거나 할수 없었습니다. 이것은 하나님의 율법을 어기는 것이고 조상들의 소중한 관습을 위배하는 것입니다.

3. 왕의 제안을 거절한 나봇의 판단에 가장 중요한 기준이 된 것은 무엇입니까(왕상21:3)?

선조의 유업인 토지를 매각하는 것은 하나님의 율법에서 금지된 것입니다. 따라서 나봇의 판단의 최고의 기준으로 작용한 것은 하나님의 율법입니다. 나봇이 왕의 요청보다 더 소중하게 여긴 것은 하나님의 말씀에 대한 온전한 순종입니다. 그는 어떠한 상황에서도 하나님의 율법을 어겨서는 안된다는 충성심이 있었습니다.

❶ 당신의 실제적인 삶 속에서 '자신의 판단의 기준'으로 작용하는 최고의 기준은 무엇입니까?

4. 하나님의 율법에 대한 '아합의 태도'와 '나봇의 태도'를 비교해 봅시다(왕상21:2,3).

하나님의 율법에 대하여 나봇은 준수하려는 충성된 마음을 가졌고 아합은 하나님의 율법을 알고도 고의로 무시하고 불순종하려는 의도를 가졌습니다.

2. 이세벨의 계교(計巧)

1. 나봇에게 거절당한 아합이 왕궁으로 돌아간 후 보인 태도는 무엇입니까(왕상21:4)?

아합의 요구는 하나님의 말씀을 위반하는 탐욕에 근거한 것이고 또한 이스라엘 공동체의 근본정신을 부정하는 행위입니다. 그럼에도 불구하고 그는 개인적 욕심을 이루지 못한 것에 대하여 어린아이같은 투정을 부리고 있습니다.

2. 이러한 모습을 지켜 본 이세벨이 아합에게 약속한 것은 무엇입니까(왕상21:5-7)?

3. 이세벨이 나봇의 포도원을 빼앗기 위해 사용한 계략은 무엇입니까(왕상21:8-10)?
이세벨이 나봇에게 뒤집어 씌운 억울한 죄목 두가지는 무엇입니까(왕상21:10)?

이세벨이 나봇의 포도원을 빼앗기 위해 사용한 계략은 바로 거짓 말과 모함이었습니다. 그녀는 사람들을 고용하여 나봇이 하나님과 왕을 모독하고 저주했다고 거짓 모함을 했습니다. 성경에서 하나님과 왕을 모독하고 모함하는 자를 신성모독죄로 다루며 사형에 처하도록 규정하고 있습니다(출22:28; 레24:15,16).

3. 나봇의 억울한 죽음

1. 이세벨의 편지를 받은 후 성읍에 사는 장로와 귀족들은 어떻게 반응했습니까(왕상21:11-14)?

2. 이스르엘의 장로와 귀인들의 문제는 무엇입니까(왕상21:11,13)?

이들은 이 지역을 다스리고 보호하는 지도자들입니다. 이들은 마땅히 지역민들의 개인적 권리를 보호해 주어야 합니다. 그 누구보다 하나님의 율법과 개인적 양심에 충실해야 할 지도자들입니다. 그러나 이들은 이세벨의 권력을 두려워하여 불법과 야합하며 하나님의 율법과 정의를 외면하였습니다. 이들은 나봇을 억울하게 '사법살인'한 것입니다.

3. 나봇의 억울한 죽음이후 엘리야가 아합에게 전한 하나님의 심판은 무엇입니까(왕상21:17-19)?
   사악한 이세벨에게 내려진 하나님의 심판은 무엇입니까(왕상21:23)?

나봇이 억울하게 죽은 곳에서 아합도 마지막 최후를 맞을 것이라는 심판입니다. 나봇이 억울하게 피를 흘리며 살해 당한 곳에서 개들이 아합의 피를 핥는 비참한 죽음을 아합이 당할 것이라는 경고입니다. 사악한 이세벨도 개들에게 먹혀 죽을 것이라고 경고했습니다.

4. 하나님은 아합에게 '네 자신을 팔았다'라고 책망하셨습니다.
   이 말씀이 의미하는 바는 무엇입니까(왕상21:20, 25)?

아합은 자신의 내면에서 일어나는 죄의 욕구에 저항하고 거부했어야 합니다. 그러나 그는 오히려 죄의 욕구를 좋아하며 그것들을 적극적으로 추구하였습니다. 그는 자원하여 탐욕의 노예가 되었습니다. 아합은 죄와 유혹으로부터 자신을 지키거나 방어하기보다는 오히려 자신이 더 적극적으로 육신의 욕망과 탐욕을 사모하며 그것을 향하여 뛰어 들어갔다는 의미입니다.

❶ 우리가 왜 적극적으로 자신의 마음을 지키고 말씀에 순종하는 삶을 살아야 합니까(창4:7; 잠4:23; 롬6:16; 시119:9,10)?

정리하며

나봇은 하나님의 말씀을 존중하고 충성하는 여호와를 경외하는 사람입니다.

그러나 아합은 자신의 왕궁에 가까이 위치한 나봇의 포도원을 갖기를 원했습니다. 하지만 하나님의 율법은 각 지파별로 분배된 땅을 사거나 팔기를 금하고 있습니다. 나봇은 하나님의 계명을 위반하기를 싫어하여 왕의 요구를 거부합니다. 그러나 아합은 끝내 하나님의 율법을 위반해 가며 나봇의 포도원을 강탈합니다. 아합과 이세벨은 자신의 탐욕을 채우기 위해 하나님의 말씀도 무시하고 윤리 도덕적인 양심도 거부합니다. 나봇을 살해하고 그의 포도원을 빼앗은 아합과 이세벨에게 하나님은 엘리야를 보내 심판을 선고합니다. 아합의 피는 개들이 핥아 먹을 것이고 이세벨의 몸은 개들이 뜯어 먹을 것이라는 무서운 심판입니다.

1. 나봇이 이세벨에게 살해 당한 이유는 무엇입니까?

2. 하나님의 율법에 대한 '나봇의 태도'와 '아합과 이세벨의 태도'를 비교해 봅시다.
   당신은 하나님의 말씀에 대하여 어떠한 태도를 가지고 있습니까?

♡ "모든 지킬 만한 것 중에 더욱 네 마음을 지키라 생명의 근원이 이에서 남이니라"(잠4:23)

12

하나님께 먼저 여쭈어 봅시다

성경: 열왕기상 22:1-12 / 찬송: 447(이 세상 끝날까지)

아합은 아람에게 빼앗겼던 길르앗 라못의 땅을 다시 회복하기를 원했습니다. 그는 남유다왕 여호사밧과 결혼동맹을 하였는데 여호사밧에게 함께 아람군대를 공격하여 다시한번 길르앗 라못을 회복하도록 도와 달라고 협조를 요청합니다. 여호사밧은 전쟁을 하기 전에 이것이 먼저 하나님의 뜻에 맞는 것인지를 물어 보자고 제안합니다. 이때 아합은 자신의 뜻을 관철시키고자 거짓 선지자 400명을 데리고 와서 가짜 예언을 하게 합니다.

그러나 여호사밧은 이들외에 하나님의 참 뜻을 물을 수 있는 참된 선지자가 없는지를 아합에게 요청합니다. 아합은 어쩔수없이 자신이 그토록 싫어하는 하나님의 선지자 미가야를 불러 옵니다.

1. 길르앗 라못

1. 유다의 여호사밧왕이 이스라엘의 아합 왕을 방문합니다. 두

사람 사이에 어떤 일이 있었습니까(왕상22:2,4b; 왕하8:16,18; 대하18:1)

여호사밧과 아합은 이미 혼인관계를 맺었습니다. 여호사밧의 아들 여호람과 아합의 딸 아달랴를 정략적으로 결혼시켰습니다.

2. 여호사밧이 아합과 맺은 결혼동맹이 하나님앞에서 선하지 않은 까닭은 무엇입니까(대하19:1,2; 고후6:14,15)?

아합과 같이 우상숭배하며 하나님 말씀에 불순종하는 자와 결혼동맹을 맺는 것은 하나님께서 기뻐하시는 일이 아닙니다. 왜냐하면 경건한 자가 불경건한 자들과 교제를 나누며 이들의 행위에 영향을 받기 때문입니다.
후일에 이 결혼동맹으로 인하여 다윗왕조는 거의 멸문을 당하기 직전의 위기를 당합니다. 결혼동맹으로 시집을 온 아합의 딸 아달랴가 남유다에 우상숭배의 씨를 퍼뜨리고 다윗왕조의 자손들을 멸절시키고자 했기 때문입니다(참고, 왕하8:16-18; 11:1,2).

❶ 우리는 하나님의 뜻을 거역하며 불순종하는 자들과의 관계를 어느 정도껏 고려해야 할까요(시1:1; 덴전5:22)?

3. 아합이 여호사밧에게 무엇을 제안합니까(왕상22:4a)?

길르앗 라못은 이스라엘과 아람과의 전쟁에서 중요한 군사상 요충지입니다. 아합은 여호사밧에게 길르앗 라못을 회복하기 위해 협공하기를 제안합니다.

2. 우리가 물을 만한 선지자

1. 아합의 제안에 대한 여호사밧의 대답은 무엇입니까(왕상22:4b)?

2. 여호사밧이 아합에게 우선적으로 요청한 것은 무엇입니까(왕상22:5)?

여호사밧은 전쟁이라는 대사를 앞두고 인간적으로 판단을 내려 결정하지 말고 하나님의 뜻이 무엇인지를 먼저 물어 보자고 제안합니다. 전쟁이 하나님의 뜻인지 아닌지를 먼저 하나님께 여쭈어 보자는 것입니다.

3. 당신은 삶속에서 어떤 일을 앞두고 하나님께 먼저 아뢰고 하나님의 뜻을 우선적으로 구하는 사람입니까(마6:33)?

신본주의자는 '하나님 중심의 삶'을 살고 하나님 말씀에 순종하는 삶을 살며 그는 하나님의 뜻을 먼저 구하며 찾는 사람입니다.
반면에 인본주의자는 무슨 일을 하든지 본인이 결정하고 '자신이 삶의 중심'이 되며 그는 하나님께 전혀 물어 보지도 않고 하나님의 뜻을 구하거나 찾지 않는 사람입니다. 인본주의자들은 무슨 일을 하든지 본인이 결정을 내리고 본인이 모든 판단을 합니다.

❶ 나는 신본주의자입니까? 인본주의자입니까?
당신은 중요한 결정을 앞두고 얼마나 먼저 하나님께 여쭙는 사람입니까?

4. 아합이 데려온 선자자들은 어떤 자들이며 이들은 이 전쟁에 대하여 어떻게 예언했습니까(왕상22:6)?

아합이 데려온 400명의 선지자들은 여호와의 참 선지자들이 아니었습니다. 이들은 아합에게 속하여 봉사하는 어용 선지자들입니다. 이들은 아합의 정책이나 뜻을 지지하며 뒷받침하는 거짓 선지자들이었으며 이런 자들에게서 하나님의 참 뜻을 얻을 수는 없는 것입니다. 이들은 아합이 듣고 싶은 것을 말해 주었습니다.

3. 거짓 선지자와 참 선지자

1. 여호사밧이 찾는 선지자는 어떤 선지자입니까(왕상22:7)?

여호사밧은 아합이 데려온 400명의 선지자들의 예언을 듣고 뭔가 불안감을 느낍니다. 이들의 예언은 하나님의 참 뜻을 구하는 것이 아니라 한결같이 아합의 마음을 즐겁게 하기 위한 것들입니다. 여호사밧이 원하는 선지자는 왕의 기쁨을 구하는 인간적인 선지자들이 아니라 오직 하나님의 뜻을 찾고 구하며 그것만을 전하는 여호와의 선지자입니다.

2. 거짓 선지자들의 특징을 말해 봅시다(왕상22:6,11,12; 갈1:10).

거짓 선지자들의 특징은 인간의 즐거움을 추구합니다. 이들은 하나님의 참 뜻을 전하는 것이 아니라 사람들이 듣고 싶어하는 그런 것들을 말해 주는 사람들입니다. 거짓 선지자들은 사람들에게 초점이 맞춰져 있고 하나님의 뜻에는 맞춰져 있지 않습니다.

3. 아합이 미워한 선지자는 누구입니까(왕상22:8)?
   아합이 그 선지자를 미워한 까닭은 무엇입니까(왕상22:8b)?

미가야는 아합이 듣고 싶어하는 그런 것들을 말해 주지 않았습니다. 미가야는 아합의 비위를 맞춰주는 그런 인간적인 선지자가 아닙니다. 그는 아합의 마음을 즐겁게 해 주는 인간적인 선지자가 아니라 하나님의 참된 뜻만을 증거하는 진짜 선지자였습니다.

4. 미가야 선지자가 아합에게 '흉한 일'만 예언하는 이유는 무엇입니까(왕상 21:25,26).

아합이 하나님의 말씀에 순종하고 다윗의 길로 행하였다면 하나님은 선지자들을 통하여 그에게 좋은 일들을 예언하게 하셨을 것입니다. 그러나 아합은 하나님의 뜻을 거역하며 최악의 우상숭배자입니다. 또한 그는 여로보암의 악한 길로 간 하나님의 진노를 일으키는 자입니다. 그런 그에게 길한 예언이 있을 수가 없습니다. 아합이 하나님앞에서 악한 자였기에 미가야는 아합에게 듣기 싫은 예언을 전한 것 뿐입니다.

5. 아합이 데려온 400명의 선지자들이 무엇을 하고 있습니까(왕상22:10,11)?

아합이 데려온 어용 선지자들도 예언을 합니다. 놀라운 사실은 어용된 가짜 선지자들도 예언을 흉내내며 실제로 예언을 한다는 것입니다. 이런 현실이 가짜와 진짜를 구별하기가 어렵게 만듭니다. 거짓 선지자들도 분명히 예언행위를 하고 있었습니다. 11절을 보면 이들은 '여호와의 말씀'이라는 권위를 가지고 예언을 합니다. 더욱 성도들을 미혹하고 혼란시키며 속이기에 충분한 것입니다.

6. 우리는 거짓 선지자들을 어떻게 이해해야 하며 그들을 어떻게 분별해야 합니까(마7:15; 24:24; 요1 4:1)?

거짓 선지자들의 문제는 구약의 시대나 예수님 시대에나 오늘을 사는 현재의 시대에도 변함없이 존재합니다. 이들은 한결같이 진짜 선지자를 가장하며 연약한 영혼들을 미혹하고 속이며 그릇된 길로 인도하고 있습니다. 오직 기도와 정확한 하나님의 말씀으로써만 이들의 거짓된 정체를 분별할 수 있습니다(마7:20-23).

정리하며

여호사밧이 아합과 결혼동맹을 한 것은 하나님앞에서 중대한 잘못이었습니다. 왜냐하면 아합과의 연합은 하나님께서 기뻐하시지 않는 연합이기 때문입니다. 여호사밧은 아합에게 전쟁을 앞두고 하나님께 뜻을 물어 보자고 제안합니다. 아합은 자신의 비위를 맞추는 거짓 선지자 400명을 동원하고 인간적인 예언을 하게 합니다. 그러나 이들의 예언은 모두 거짓된 것들입니다.

여호사밧의 요구로 진짜 선지자 미가야가 왕들에게 나아오게 되고 미가야는 더욱 아합에게 미움을 받게 됩니다. 왜냐하면 그는 오직 하나님의 참된 뜻만 전하는 선지자이기 때문입니다. 참된 선지자들은 어떠한 불이익에도 불구하고 하나님의 말씀을 그대로 전하는 자입니다.

1. 아합이 미가야 선지자를 싫어하는 이유를 정리해 봅시다.
   불경건한 삶을 사는 사람들이 진짜 선지자를 싫어하는 까닭을 말해 봅시다(막6:19).

2. 아합과 여호사밧의 차이점을 생각해 보고 '신본주의자'와 '인본주의자'의 차이점에 대해 설명해 봅시다.

♡ "아무 것도 염려하지 말고 다만 모든 일에 기도와 간구로, 너희 구할 것을 감사함으로 하나님께 아뢰라 그리하면 모든 지각에 뛰어난 하나님의 평강이 그리스도 예수 안에서 너희 마음과 생각을 지키시리라" (빌4:6,7)

오직 하나님의 뜻만을 전합시다

성경: 열왕기상 22:13-23 / 찬송: 336(환난과 핍박 중에도)

아합은 자신의 비위를 맞추고 아부하는 거짓 선지자 400명을 데리고 와서 거짓 예언을 하게 했습니다. 이에 맞서 여호사밧은 여호와께 물을 만한 선지자를 요구했는데 진짜 선지자인 미가야가 아합과 여호사밧의 앞으로 나오게 됩니다. 그는 아합에게 하나님의 참 뜻을 전하게 되고 하나님의 참 뜻은 아합이 전쟁터에서 전사한다는 예언입니다.

미가야를 데리러 간 왕의 사신은 미가야에게 아합에게 듣기 좋은 말만 하라는 압력를 가하지만 미가야는 단호하게 이를 거절하고 아합앞에서 오직 하나님의 참된 뜻만을 전합니다.

1. 선자자의 사명(使命)

1. 미가야를 부르러 간 왕의 사신이 미가야에게 당부한 것은 무엇입니까(왕상22:13)?

아합과 왕의 사신이 갖고 있는 '선지자상'은 무엇입니까?

아합과 그의 사람들은 하나님의 뜻에 대해서는 관심이 없고 오직 자신들의 인간적인 이익과 이해에만 관심이 있습니다. 이들이 생각하는 선지자들이란 그저 자신들의 정책이나 이해들을 지지해 주고 후원해 주는 존재들인 것입니다.

2. 왕의 사신의 압력에 대하여 미가야 선지자는 어떻게 대답합니까(왕상22:14)?
진짜 선지자의 자세와 태도는 무엇입니까(민22:18,38; 행4:18-20)?

선지자는 오직 하나님의 뜻만을 전해야 합니다. 참된 선지자는 하나님의 뜻보다는 사람의 기쁨이나 사람의 마음을 쫓는 자가 아닙니다.
그것이 비록 사람의 이해관계나 당사자에게 거슬리는 것이 될지라도 선지자는 하나님의 뜻만을 전해야 합니다. 이것이 진짜 선지자의 모습입니다.

또한 진짜 선지자는 하나님의 뜻을 왜곡하게 만드는 온갖 회유와 압력에도 굴하지 않고 두려워 해서는 안됩니다.

3. 진짜 선지자들이 미움을 받는 이유는 무엇입니까(왕상 22:8,11,13,14; 요3:19-21; 갈1:10)?
복음으로 살고자 하는 자들이 각오하고 감당해야 할 십자가는 무엇입니까(마5:10-12 ;딤후2:3)?

진짜 선지자들이 불경건한 자들에게 미움을 받는 이유는 그들의 마음을 편하게 해 주거나 비위를 맞추어 주지 않기 때문입니다. 이들은 대개 인본주의자들이거나 자신의 인간적인 욕망으로 살아가는 사람들입니다. 그런 이들에게 하나님의 말씀은 받아 들이거나 수용하기 힘든 것이 됩니다.

2. 미가야의 환상

1. 17-22절은 미가야가 하나님의 예언을 환상을 통하여 보았습니다. 길르앗 라못의 전쟁에 대하여 미가야가 하나님께 받은 예언은 무엇입니까(왕상22:17)?

미가야는 환상을 통하여 전쟁중에 아합이 전사하는 환상을 본 것입니다. 이것은 아합이 전사하고 이스라엘 군대는 목자없는 양처럼 각각 자신의 집으로 돌아 갈 것이라는 환상입니다.

2. 하나님께서 천상에 있는 영들과 회의를 하시면서 아합에 대하여 어떤 제안을 하셨습니까(왕상22:20)?
아합이 왜 하나님께 '멸망 받을 대상'이 되었습니까(왕상21:19-26; 롬6:23a)?

그것은 아합이 지금까지 하나님을 배교하고 바알숭배를 통하여 하나님의 끊임없는 진노를 불러 일으켰습니다. 그리고 자신의 탐욕을 채우고자 나봇을 살해한 것은 그가 멸망받는 결정적인 계기가 됩니다. 이제 하나님은 아합을 심판하시기로 작정하셨습니다.

3. 한 영이 하나님께 내놓은 묘책은 무엇입니까(왕상22:21,22)?

3. 거짓말하는 영

1. '거짓말하는 영'은 누구의 입에 있겠다고 했습니까(왕상22:22)?

2. 거짓말하는 영이 역사하는 곳은 어디입니까(왕상22:6a)?
거짓의 영이 어디에 들어가 역사하는 지를 생각해 봅시다(삼상16:14,15; 요13:2;26,27; 12:6).

어두움의 영들과 악한 영들은 거짓되고 죄악된 곳을 향하여 갑니다. 하나님께 불순종하고 거역하는 자들의 마음은 악한 영들이 역사하기 좋아하는 곳입니다(엡2:2,3). 악한 영들은 거짓되고 부패한 인간의 마음을 찾아 갑니다.

3. 거짓 선지자들도 예언을 합니다. 10b절을 읽어 보시고 우리가 왜 영적으로 바르게 분별해야 하는 지를 말해 봅시다(요일4:1; 마24:23,24; 벧후 2:1).

거짓 선지자들도 예언을 했습니다. 그러나 그들의 예언은 거짓된 것입니다. 우리는 예언을 한다고 해서 그 예언들을 모두 신뢰할 수는 없습니다. 그 예언들이 하나님께로 왔는지를 분별해 보아야 합니다.

4. 하나님께서 거짓말하는 영을 '거짓 선지자들'에게 허락하신 이유는 무엇일까요(왕상22:23)?
하나님은 거룩하신 분이시고 진리의 하나님이신데 과연 거짓을 조장하시는 분이실까요(삼상16:14,15; 욥1:6,12; 2:6,7; 마4:1)?

하나님은 거룩하신 분이시고 진리의 하나님이십니다. 그 분에게는 거짓이 없고 오직 진리만이 존재합니다. 다만 아합의 우상숭배와 배교로 인하여 '심판의 차원'에서 그를 죽이기로 작정하셨으므로 심판의 집행으로 한 영에게 거짓의 영으로 활동하도록 허락하신 것입니다.

사울의 경우도 마찬가지입니다. 그가 하나님의 말씀에 불순종하였고 하나님의 부리시는 악령에 시달린 경우도 그가 '하나님께 정죄를 받고 심판을 받은 결과'입니다. 욥의 경우에는 하나님의 특별하신 섭리 속에 잠시동안 사단의 활동을 제한을 두시고 허락하셨습니다. 예수님도 광야에서 성령에게 이끌리어 마귀에게 시험을 받았습니다.

❶ 하나님께 불순종하고 악한 죄 가운데 거할 때에 악한 영들의 공격대상이 될 수도 있다는 사실에 대하여 생각해 봅시다(엡 2:2; 롬6:16,19).

❷ 우리가 악한 영들을 물리치고 승리하는 삶을 살수 있는 비결은 무엇입니까(엡5:8)?

정리하며

미가야를 부르러 간 왕의 사신은 미가야에게 압력을 가했습니다. 그것은 아합왕이 듣기에 좋은 예언만 하라는 것입니다. 인본주의자들은 하나님의 뜻에는 전혀 관심이 없습니다. 다만 자신들의 이해나 욕망에만 관심이 있습니다. 이들에게 하나님의 뜻은 자신들을 방해하고 귀찮게 하는 성가신 것들입니다. 하나님은 이제 악할대로 악해져 버린 아합과 이세벨을 향해 심판의 칼날을 드셨습니다. 아합이 동원한 400명의 거짓 선지자들에게 거짓 영을 보내어 아합이 전쟁터에 나가 전사하도록 역사하십니다. 결국 아합은 자신이 듣고 싶은 말만 듣기를 원하다가 파멸하고 맙니다. 하나님의 뜻을 듣고 순종하기보다 자신의 인간적인 욕망을 좇아 살기를 원하는 사람들은 이렇게 자멸하게 되는 것입니다.

1. 아합이 미가야 선지자에게 듣기를 원한 것은 무엇입니까?
   당신은 선지자에게 무엇을 듣기를 원하십니까? 하나님의 뜻을 듣기를 원하십니까? 아니면 자신의 마음을 기쁘게 해 주는 그런 비위에 맞춰주는 그런 말을 듣기를 원하십니까?

2. 거짓 영은 누구에게 임했습니까? 하나님의 뜻을 거부하고 자신의 욕망의 노예가 되어 불경건하게 살아가는 사람들의 마음이 왜 악하고 어두운 영들의 놀이터가 됩니까?
   이러한 악령들을 물리치는 길은 무엇입니까?

♡ "베드로와 요한이 대답하여 이르되 하나님 앞에서 너희의 말을 듣는 것이 하나님의 말씀을 듣는 것보다 옳은가 판단하라"(행4:19)

하나님이 기뻐하는 연합을 합시다

성경: 열왕기상 22:24-38 / 찬송: 326(내 죄를 회개하고)

아합은 하나님의 참 뜻을 전한 미가야 선지자의 예언을 끝내 거부합니다. 그것은 자신의 내면에 있는 하나님의 말씀에 대한 거부였습니다. 그리고 자신이 전쟁에서 돌아 올 때까지 미가야 선지자를 감옥에 가두고 고생의 떡과 고생의 물을 먹이게 합니다.

하나님의 말씀을 거부한 아합은 전쟁터에서 죽음을 모면해 보려고 온갖 방법을 동원해 보지만 하나님의 전능하신 심판을 피해가지 못합니다. 아합은 누군가가 쏜 화살에 맞아 전사합니다. 아합은 창녀들의 목욕하는 곳에서 개들에게 자신의 피를 핥히게 되는 비참하고 치욕적인 죽음을 당하게 됩니다.

1. 거짓 선지자의 핍박(逼迫)

1. 미가야의 예언을 들은 거짓 선지자의 반응은 무엇입니까(왕상 22:24)?

거짓 선지자들의 수장격인 시드기야는 미가야의 예언을 들은 후 즉각 분노를 표출했습니다. 왕들의 앞이었음에도 불구하고 그는 미가야의 뺨을 때리는 만행까지 저지르며 자신의 모욕감을 표출했습니다. 이렇게 거짓 선지자들의 반발은 거세었습니다.

2. 거짓 선지자가 어느 정도로 뻔뻔한 자인지를 말해 봅시다(왕상 22:24b; 고후11:14,15).

거짓 선지자들의 뻔뻔함은 이들은 자신들이 진짜 선지자인양 행세하며 흉내낸다는 것입니다.

3. 하나님의 말씀을 바르게 선포한 진짜 선지자가 받은 댓가는 무엇입니까(왕상22:26,27)?
'고생의 떡'과 '고생의 물'은 무엇을 의미합니까(왕상22:27)?

고생의 떡과 물은 미가야 선지자가 굶어 죽지 않을 만큼 제공되는 소량의 음식입니다. 이것은 아합이 살아서 돌아 올 때까지 감옥에서 육체적 정신적으로 고통을 주고자 미가야에게 제공되는 떡과 물이었습니다.

2. 아합의 변장(變裝)

1. 아합은 전쟁터에서 죽지 않으려고 꾀를 사용합니다. 그것은 무엇입니까(왕상22:30)?
   아합이 그러한 꾀를 사용한 까닭은 무엇일까요(왕상22:20,28)?

2. 아람 왕이 자신의 병거 지휘관들에게 내린 특명은 무엇입니까(왕상22:31)?

3. 여호사밧은 왜 하나님께서 기뻐하시지 않는 아합과 동맹을 맺어서는 안되었는지를 말해 봅시다(왕상22:32).

여호사밧은 이 전쟁터에서 자신의 목숨을 잃을 수도 있었습니다. 실제로 아람 군대가 조금만 더 강하게 압박했더라면 여호사밧은 길르앗 라못에서 전사했을 것입니다. 여호사밧은 이런 전쟁에 참

여할 이유가 없는 사람입니다. 더구나 하나님은 이 전쟁에서 아합을 죽이고자 하십니다. 그런데 믿음의 사람이라는 여호사밧이 하나님의 미워하시는 악인과 동맹을 맺어 스스로 위험을 자초합니다. 이것은 악인과의 연합에서 빚어지는 무서운 위험입니다.

❶ '연합'이라는 말은 좋은 말입니다. 그러나 하나님께서 기뻐하시는 연합은 무조건적인 연합이 아닙니다. 하나님께서 기뻐하시는 연합에 대하여 생각해 봅시다(요삼 1:3,4).

3. 아합의 종말(終末)

1. 아합은 완벽하게 변장하고 준비했습니다. 아람 군대가 자신을 찾는 것이 불가능할 정도로 위장했습니다. 그러나 하나님은 아합을 어떻게 찾으셨습니까(왕상22:34)?

'무심코'라는 말은 히브리어로 '레툼모'라는 말인데 '아무 생각없이', '되는 대로'라는 의미입니다. 아람군대의 한 궁수가 아합을 알아보고 겨냥한 것은 전혀 아니고 그냥 이스라엘 진영을 향하여 무심코 날린 화살이었습니다. 그런데 허공으로 날라간 화살은 아합에게 적중하고 말았습니다.

2. 아합이 화살을 맞은 부위는 어디입니까(왕상22:34a)?
   아합을 찾아내신 하나님의 전능하심에 대해 생각해 봅시다(시 139:7-12).

갑옷 솔기는 갑옷의 연결부분을 말합니다. 아합이 그렇게 완벽하게 변장하고 그 누구도 찾을 수 없도록 위장했지만 무심코 당겨진 화살은 갑옷의 가장 취약한 연결부위인 갑옷의 솔기를 정확하게 파고 들었습니다.
이것은 '사람이 당긴 화살'이 아니라 '하나님께서 당기신 화살'입니다.
사람이 아무리 숨고 감춘다 하더라도 하나님은 결국에는 찾아 내시고 찾아 가십니다. 하나님께 인간적인 위장과 변장은 다 소용없는 행위입니다(민32:23; 창3:8-10).

3. 아합이 화살을 맞고 중상을 입었지만 그는 이 상처에 대하여 적절하게 치료를 받지 못합니다. 그 이유는 무엇입니까(왕상 22:35a)?

그는 얼마동안 중상을 안고 전쟁터에 붙들려 있었습니까(왕상 22:35b)?

아합은 심각한 중상을 입고 엄청난 출혈을 당했지만 이 전쟁터를 벗어나 제대로 된 치료조차 받지를 못했습니다. 그것은 이 날의 전쟁이 맹렬했기때문입니다. 이런 상황또한 하나님의 심판안에 있었습니다. 아합은 중상을 입었지만 치료를 받을 기회조차 얻지 못한 것입니다.

4. 누가 이스라엘의 진짜 선지자였습니까(왕상22:28,36,37)?

5. 아합에 대한 하나님의 예언은 어떻게 이루어졌습니까(왕상 22:37,38; 왕상20:42; 21:18,19)?

그의 죽음은 어떤 점에서 치욕적인 것입니까(왕상22:38)?

하나님의 말씀은 땅에 떨어지지 않고 반드시 완전하게 이루어집니다(사 40:8; 55:11). 하나님께 불순종하고 우상숭배 했던 아합은 비참하고 치욕적인 죽음으로 끝이 났습니다. 이것은 이미 선지자들을 통하여 아합에게 예언하신 내용들입니다. 아합의 피가 묻은 병거를 사마리아 못에서 씻었는데 이곳은 바알 신전에 소속된 창녀들이 목욕하던 곳입니다. 이런 곳에서 아합의 피가 씻기웠다는 것은 아합에게 치욕적인 죽음을 말해 줍니다. 그리고 개들도 이곳에서 아합의 피를 핥았으며 그의 죽음이 더욱 치욕적임을 말합니다. 결국 하나님의 말씀에 불순종하고 배교하는 삶의 종말은 비참한 멸망밖에 없다는 것을 깨닫게 합니다.

정리하며

미가야 선지자의 예언을 들은 아합은 죽음을 피해 보려고 최대한의 인간적인 노력을 했습니다. 그는 사병으로 변장을 하고 완벽하게 위장을 했습니다.

적군이 아합을 찾는 것은 거의 불가능에 가까웠습니다. 그러나 하나님은 수많은 군사들가운데서 아합을 찾아 내셨습니다. 아람군대의 한 궁수가 우연히 활을 당겼고 허공을 향해 날아간 화살은 아합의 갑옷솔기 부분에 적중했습니다. 하필이면 갑옷의 가장 취약한 연결부분에 꽂혀 아합의 몸을 뚫었습니다. 그러나 이것은 결코 우연이 아니라 하나님의 역사였습니다. 하나님께서 아합을 찾아 내시고 그를 맞추신 것입니다. 사람이 아무리 변장하고 완벽하게 감추고 숨는다 할지라도 전능하신 하나님의 눈과 손길을 피할 수는 없습니다.

1. 미가야 선지자를 통하여 믿음으로 살고자 하는 자들이 겪어야 할 고통에 대해 생각해 봅시다(행14:22; 마7:13,14).

2. 하나님은 인간의 모든 위장과 변장을 뚫으십니다. 왜 우리가 하나님앞에서 정결하고 경건하게 살아야 합니까(창39:9)?

♡ "너희가 만일 그같이 아니하면 여호와께 범죄함이니 너희 죄가 반드시 너희를 찾아낼 줄 알라"(민32:23)

이 책을 마치면서

주님께 드리고 싶은 글

망망한 바다 한가운데서 배 한 척이 침몰하게 되었습니다.
모두들 구명보트에 옮겨 탔지만 한 사람이 보이지 않았습니다.
절박한 표정으로 안절부절 못하던 성난 무리 앞에 급히 달려 나온 그 선원이
꼭 쥐고 있던 손바닥을 펴 보이며 말했습니다.
"모두들 나침반을 잊고 나왔기에 … "
분명, 나침반이 없었다면 그들은 끝없이 바다 위를 표류할 수 밖에 없을 것입니다.

우리는 삶의 바다를 항해하는 모든 이들을 위하여
그 나침반의 역할을 하고 싶습니다.
우리를 구원하신 위대한 주 예수 그리스도를 널리 전하고 싶습니다.

"하나님은 모든 사람이 구원을 받으며
진리를 아는 데에 이르기를 원하시느니라"
(디모데전서 2장 4절)

하나님 능력에 합당한 사람(열왕기상 2부)

지은이 | 나종원 목사
발행인 | 김용호
발행처 | 나침반출판사

제1판 발행 | 2016년 7월 1일

등　록 | 1980년 3월 18일 / 제 2-32호
주　소 | 07547 서울특별시 강서구 양천로 583
블루나인 비즈니스센터 B동 1607호
전　화 | 본사 (02) 2279-6321 / 영업부 (031) 932-3205
팩　스 | 본사 (02) 2275-6003 / 영업부 (031) 932-3207
홈　피 | www.nabook.net
이메일 | nabook@korea.com / nabook@nabook.net

ISBN 978-89-318-1517-7
책번호 다-1130

값은 뒷표지에 있습니다.